Künstliche Intelligenz im produzierenden Mittelstand

Jörg von Garrel · Simone Thomas
(Hrsg.)

Künstliche Intelligenz im produzierenden Mittelstand

Grundlagen – Methoden – Fallstudien

Springer Gabler

Hrsg.
Jörg von Garrel
University of Applied Sciences
Hochschule Darmstadt
Darmstadt, Hessen, Deutschland

Simone Thomas
University of Applied Sciences
Hochschule Darmstadt
Darmstadt, Hessen, Deutschland

ISBN 978-3-658-49274-8 ISBN 978-3-658-49275-5 (eBook)
https://doi.org/10.1007/978-3-658-49275-5

Die Deutsche Nationalbibliothek verzeichnet diese Publikation in der Deutschen Nationalbibliografie; detaillierte bibliografische Daten sind im Internet über https://portal.dnb.de abrufbar.

Die Veröffentlichung wurde teilweise durch Mittel der Hochschule Darmstadt unterstützt.

Springer Gabler ist ein Imprint der eingetragenen Gesellschaft Springer Fachmedien Wiesbaden GmbH und ist ein Teil von Springer Nature.
Die Anschrift der Gesellschaft ist: Abraham-Lincoln-Str. 46, 65189 Wiesbaden, Germany

Vorwort

Die Arbeitswelt erlebt eine Zeit des bedeutenden Wandels. Besonders die Diskussionen zur Zukunft der Arbeit, verstärkt durch die rapiden Fortschritte in der Technologie, rücken in den Mittelpunkt. Der Fokus liegt dabei vornehmlich auf den Potenzialen und Auswirkungen der Künstlichen Intelligenz (KI), einer Technologie, die insbesondere für den deutschen produzierenden Mittelstand neuartige Entwicklungsmöglichkeiten in den Bereichen Prozess- und Produktinnovation sowie (Service-)Geschäftsmodelle eröffnet. Diese Geschäftsmodelle integrieren industrielle Produkte mit digitalen Dienstleistungen und KI-Anwendungen, um Industrie 4.0 auf eine neue Stufe zu heben.

Die schon im Jahr 2011 gestartete Initiative „Industrie 4.0" konzentriert sich darauf, die gesamte Wertschöpfungskette durch digitalisierte und automatisierte bzw. autonomisierte Prozessschritte effizienter zu gestalten, sodass der Fokus der Initiative – auch aufgrund des Domänenwissens über Fertigungsprozesse deutscher Industrieunternehmen – primär auf digitalen Prozessinnovationen und deren Implementierung liegt.

Es ist jedoch entscheidend, dass Unternehmen die KI nicht nur zur Steigerung der internen Prozesseffizienz nutzen, sondern auch deren Effektivität durch die Entwicklung von (Service-)Geschäftsmodellen und neuen Produkten erhöhen, um sich auf globalen Märkten wettbewerbsfähig zu positionieren. Trotz des anerkannten Potenzials von KI mangelt es vielen Unternehmen jedoch an dem notwendigen Wissen, um diese Technologien erfolgreich in ihre bestehenden Geschäftsmodelle zu integrieren.

So existieren vielfache Ausarbeitungen, die das hohe Potenzial von KI loben, es gibt aber bislang wenig Ausführungen, die sich damit auseinandersetzen, wie genau Unternehmen KI in ihren Betrieb und somit auch in potenzielle (Service)Geschäftsmodelle effektiv und effizient implementieren und verwalten sollen. Eine der größten Herausforderungen im bevorstehenden Zeitalter der künstlichen Intelligenz spiegelt sich somit in der richtigen Implementierung und Verwaltung von KI wider, um ein nachhaltiges Geschäft aufzubauen.

Multinationale Unternehmen haben bereits erfolgreich große Datenmengen in ihre Geschäftsmodelle als eine der Schlüsselressourcen integriert. Jedoch benötigen gerade kleine und mittelständische produzierende Unternehmen, die das Rückgrat der deutschen Wirtschaft bilden, jetzt geeignete Konzepte und Unterstützung bei der Erarbeitung KI-basierter (Service)Geschäftsmodelle. Deren Wettbewerbsvorteile bestehen besonders aufgrund ihres einzigartigen technologischen Domänenwissens; sie verfügen aber aufgrund ihrer beschränkten finanziellen und personellen Ressourcen selten über die weiteren notwendigen Wissensdomänen, daten- und KI-basierte (Service)Geschäftsmodelle effektiv und effizient einzuführen und zu betreiben.

Diese Publikation soll als Wegweiser dienen, um innovative, KI-basierte (Service-) Geschäftsmodelle zu entwickeln und präsentiert praxisnahe Anregungen und Lösungsansätze, die speziell auf die Bedürfnisse des deutschen Mittelstands zugeschnitten sind. Sie bildet damit eine Brücke zwischen theoretischer Forschung und praktischer Anwendung, um den Unternehmen zu ermöglichen, die volle Bandbreite der KI-Nutzung auszuschöpfen und so einen nachhaltigen Wettbewerbsvorteil zu erzielen.

Das Buch ist in drei Hauptteile gegliedert, die zusammen eine Brücke zwischen theoretischer Forschung und praktischer Implementierung bilden.

Der erste Teil des Buches schafft eine fundierte theoretische und konzeptionelle Basis, um die multidimensionalen Aspekte der Künstlichen Intelligenz (KI) und ihre Bedeutung für den produzierenden Mittelstand zu analysieren. Dieser Abschnitt eröffnet mit einer umfassenden Darstellung der Vielfalt und Komplexität KI-basierter Arbeitssysteme. Anschließend wird die technologische Dimension der KI vertieft, gefolgt von der Darstellung zentraler Ergebnisse einer empirischen Untersuchung zum Einsatz von KI in produzierenden Unternehmen. Zum Abschluss dieses Teils widmet sich ein weiterer Beitrag der rollenbasierten Entwicklung, Implementierung und Nutzung von KI-basierten Services unter Berücksichtigung des Human-in-the-Loop-Ansatzes, um die Transparenz und Akzeptanz dieser Systeme zu stärken.

Im zweiten Teil werden spezifische Methoden vorgestellt, die bei der Entwicklung und Implementierung von KI-basierten Geschäftsmodellen im Mittelstand relevant sind. Dabei beginnt dieser Abschnitt mit einem Beitrag, der als Leitfaden zur systematischen Entwicklung von KI-basierten Geschäftsmodellen dient. In einem weiteren Beitrag wird erörtert, inwiefern die Einführung von KI-Leitlinien als Basis einer ethischen Nutzung von KI in Unternehmen dienen kann.

Der dritte Teil des Buches illustriert die theoretischen Konzepte und Methoden anhand konkreter Erfahrungsberichte aus der Praxis. Diese anonymisierten Beispiele realer Unternehmen zeigen, den Weg mittelständischer Unternehmen zu einer (erfolgreichen) KI-Implementierung, welche Herausforderungen dabei auftraten und den Umgang mit diesen. Jede Fallstudie wird ausführlich diskutiert, um den Lesern praktische Einblicke und anwendbare Erkenntnisse zu bieten.

Jörg von Garrel
Simone Thomas

Interessenkonflikt Die Autor*innen haben keine für den Inhalt dieses Manuskripts relevanten Interessenkonflikte.

Anmerkung

Diese Publikation ist teilweise im Rahmen der vom BMFTR geförderten Verbundprojekte „WiWiEn -Wissensdomänen durch eine digitale Wissensplattform zur Entscheidungsunterstützung für die effektive und effiziente Erarbeitung von KI-basierten (Service-) Geschäftsmodellen innovativ gestalten“ (Förderkennzeichen: 02L20C034) sowie „KompAKI – Kompetenzzentrum für Arbeit und Künstliche Intelligenz“ (Förderkennzeichen: 02L19C157) entstanden. Der Förderer hatte keinen Einfluss auf Inhalte, Analysen und Ergebnisse der vorliegenden Publikation.

Inhaltsverzeichnis

Teil III Fallstudien

Herausgeber- und Autorenverzeichnis

Über die Herausgeber

Prof. Dr. Jörg von Garrel hat eine Professur an der Hochschule Darmstadt für Prozess- und Produktinnovationen mit dem Schwerpunkt Quantitative Sozialforschung inne. Er studierte an den Universitäten in Oldenburg und Magdeburg. Anschließend promovierte er als wissenschaftlicher Mitarbeiter des Fraunhofer IFF an der Otto-von-Guericke-Universität Magdeburg und war in unterschiedlichen Führungs- und Stabsfunktionen in Wissenschaft und Wirtschaft tätig, bevor er den Ruf der Hochschule Darmstadt angenommen hat.

Simone Thomas ist wissenschaftliche Mitarbeiterin an der Hochschule Darmstadt. Sie studierte berufsbegleitend „Prävention und Gesundheitspsychologie B.A.“ mit dem Schwerpunkt „Führung und Gesundheit“ sowie im Anschluss „Digital Management und Transformation M.A.“ mit dem Schwerpunkt „Innovationsmanagement und Unternehmensberatung“. Vor und parallel zu diesen Studienabschlüssen war sie in mittelständischen Unternehmen mit verschiedenen Leitungsfunktionen betraut.

Autorenverzeichnis

Patrick Berger, Hochschule Darmstadt, Darmstadt.

Jörg von Garrel, Hochschule Darmstadt, Darmstadt.

Carlos Jahn, Technische Universität Hamburg, Institut für Maritime Logistik, Hamburg

Ann-Kathrin Lange, Technische Universität Hamburg, Institut für Maritime Logistik, Hamburg.

Mirjam Merkel-Kiss, Hochschule Darmstadt, Darmstadt.

Simone Thomas, Hochschule Darmstadt, Darmstadt.

Leah Vrga, Hochschule Darmstadt, Darmstadt.

Alexandra Wagner, Hochschule Darmstadt, Darmstadt.

Teil I
Grundlagen

1 KI-basierte Arbeitssysteme in produzierenden Unternehmen – Eine soziotechnische Perspektive

Jörg von Garrel, Carlos Jahn und Ann-Kathrin Lange

Zusammenfassung

Der Beitrag untersucht den Einsatz Künstlicher Intelligenz (KI) in industriellen Arbeitssystemen aus einer soziotechnischen Perspektive. Im Zentrum steht dabei nicht die technische Automatisierung allein, sondern das Zusammenspiel von Mensch, Technik und Organisation. Aufbauend auf der Theorie soziotechnischer Systeme wird gezeigt, dass produktive und nachhaltige KI-Arbeitssysteme nur durch die gemeinsame Optimierung sozialer und technischer Teilsysteme entstehen können. Zur Systematisierung der vielfältigen Erscheinungsformen wird eine Morphologie industrieller, KI-basierter Arbeitssysteme entwickelt. Diese erfasst zentrale Gestaltungsdimensionen – technologische, organisatorische und menschliche – sowie deren mögliche Ausprägungen. Der morphologische Kasten dient damit als Analyse- und Gestaltungsinstrument, um Anwendungsfelder und Formen der Mensch-Maschine-Kollaboration sichtbar zu machen und Entscheidungen über den Einsatz von KI in Produktionskontexten zu unterstützen.

J. von Garrel (✉)
Hochschule Darmstadt, Darmstadt, Deutschland
E-Mail: joerg.vongarrel@h-da.de

C. Jahn · A.-K. Lange
Technische Universität Hamburg, Hamburg, Deutschland
E-Mail: carlos.jahn@tuhh.de

A.-K. Lange
E-Mail: ann-kathrin.lange@tuhh.de

J. von Garrel und S. Thomas (Hrsg.), *Künstliche Intelligenz im produzierenden Mittelstand*, https://doi.org/10.1007/978-3-658-49275-5_1

1.1 Einleitung

Der Einsatz von Künstliche Intelligenz (KI)-basierter Technologie ist die logische Fortführung von Digitalisierung und Automatisierung im Kontext von Industrie 4.0. KI-Anwendungen nehmen aufgrund von Fortschritten bei der Datenerfassung, Algorithmen und der Erschwinglichkeit der Rechen- und Speicherkapazität im privaten Alltag, im öffentlichen Leben und in Unternehmen zu. Daher hat die deutsche Bundesregierung KI als zukünftige Schlüsseltechnologie für nahezu alle Bereiche der deutschen Wirtschaft anerkannt.

Der Begriff Künstliche Intelligenz (KI) ist aber nicht allgemeingültig definiert und stellt ein multi- und interdisziplinäres Themenfeld dar [16]. KI subsumiert Methoden, Verfahren und Technologien, die es IT-Systemen wie Maschinen, Robotern oder Softwaresystemen ermöglichen, große Mengen von Daten zu interpretieren und aus diesen Daten zu lernen, um bestimmte menschlich-kognitive Fähigkeiten nachzubilden bzw. zu imitieren [7]. Hierdurch können Aufgaben, die beispielsweise visuelle Wahrnehmung, Sprache oder ihre Fähigkeiten gegenseitig komplementieren und stärken und somit ein großes Potenzial zur Gestaltung innovativer Arbeitssysteme erreicht werden [7, 14].

In produzierenden Unternehmen eröffnet der Einsatz von KI neue Möglichkeiten, große Datenmengen entlang der gesamten Wertschöpfungskette zu erfassen, zu analysieren und in verwertbare Informationen zu überführen – etwa zur Optimierung von Produktionsprozessen, zur vorausschauenden Wartung oder zur flexiblen Steuerung von Ressourcen. Dabei sind KI-basierte Arbeitssysteme keineswegs rein technische Lösungen. Sie sind Ergebnisse menschlicher Gestaltung: Ihre Entwicklung erfolgt durch KI-Fachpersonal, die Einführung in der Produktion gemeinsam mit technischen, Ingenieur- und IT-Fachpersonen. Ihre alltägliche Nutzung liegt schließlich bei Mitarbeitenden bzw. Nutzenden, die über das notwendige Wissen und Vertrauen verfügen müssen, um mit den bereitgestellten Informationen sinnvoll und sicher zu arbeiten.

Damit KI ihr Potenzial in der industriellen Praxis entfalten kann, reicht daher eine rein technische Optimierung nicht aus. Entscheidend ist, dass auch betriebliche Abläufe, organisatorische Rahmenbedingungen sowie arbeitsbezogene und individuelle Voraussetzungen systematisch mitgedacht und gestaltet werden. Nur wenn diese Dimensionen aufeinander abgestimmt sind, können KI-basierte Arbeitssysteme produktiv und nachhaltig wirken. KI-basierte Arbeitssysteme sind daher als soziotechnische Systeme zu verstehen – sie entstehen im Zusammenspiel von Menschen, Maschinen und intelligenten Technologien, eingebettet in unternehmensspezifische Daten-, Informations- und Wissenslandschaften.

1.2 Soziotechnische Systeme

Die Theorie soziotechnischer Systeme (STS) findet ihren Ursprung in Automatisierungsuntersuchungen des Tavistock-Instituts Ende der 1940er Jahre. Im Rahmen dieser Analysen kamen die Forschenden des Tavistock-Instituts zu der Erkenntnis, dass, um produktive Ergebnisse (innerhalb der Organisationsgrenzen) zu erzielen, soziale und technische Teilsysteme, die in enger Wechselwirkung zueinanderstehen und gekoppelt sind, aufeinander abgestimmt sein müssen und gemeinsam optimiert („Joint Optimization") werden [12]. Trotz verschiedener räumlicher Entwicklungen des STS-Ansatzes ist allen Traditionen gemeinsam, dass sie einen systemorientierten Ansatz zur Analyse von sozialen und technologischen (Sub-)Systemen aufweisen, der die Wechselwirkungen zwischen sozialen und technischen Systemen betont. Zudem gibt es eine Betonung der Praxisorientierung und des Anwendungsbezugs, bei der die Entwicklung von Analyse- und Gestaltungsprinzipien sowie Methoden und Konzepten für konkrete Design- und Veränderungsprozesse in Organisationen im Fokus steht [2].

Im Kontext der Produktionsarbeit besteht dabei aus soziotechnischer Sicht die zentrale Aufgabe in der Integration von Menschen und technischen Sachsystemen zu sogenannten Mensch-Maschine-Systemen. Entscheidend für die Bestimmung der soziotechnischen Arbeitsteilung ist, dass die Funktionen vom technischen Sachsystem äquivalent zu (Teil-) Funktionen des menschlichen Handelns sind und so eine soziotechnische Identifikation vorliegt. So kann auf Basis einer solchen soziotechnischen Identifikation eine „Systematik der Technisierungsstufen" erarbeitet werden. Hierzu wird insbesondere geprüft, inwiefern die einer Handlung bzw. einem Handlungssystem zugrunde liegenden Ausführungssysteme – dem die stofflichen und energetischen Attribute zukommen und das somit die Arbeit im engeren Sinn leistet – und Informationssysteme – in denen die Handlungsfunktionen ablaufen, die Information aufnehmen, verarbeiten und weitergeben sowie die Kommunikation mit anderen Handlungssystemen vornehmen – die betreffende Handlungsfunktion in äquivalenter Weise durch ein Sachsystem darstellen kann (Abb. 1.1).

Die Integration technischer Systeme in der Mensch-Maschine-Interaktion kann dabei nach den Prinzipien der Substitution oder der Komplementation erfolgen. Im Rahmen der Substitution werden Handlungen, die ursprünglich durch den Menschen durchgeführt worden sind, durch die Technik ersetzt. Bei der Komplementation dagegen steuert die Technik eine neue Funktion bei, die vom Menschen nicht erbracht bzw. geleistet werden kann. Vor diesem Hintergrund wird ein soziotechnisches System als ein Arbeits- bzw. Handlungssystem verstanden, in dem menschliche und technische Subsysteme in enger Wechselwirkung zueinanderstehen und eine integrale Einheit bilden. Betrachtet man nun eine Arbeitshandlung (z. B. ein Mensch, der die gesamte Arbeit ausführt.), kann diese aus organisationstheoretischer Sicht – je nach Machbarkeit und Wünschbarkeit – entweder an menschliche Handlungssysteme oder an technische Sachsysteme übertragen werden,

T = Teilfunktion technisiert	Ausführung				Information				
Teilfunktion der Arbeit / Technisierungsstufe	Einwirkung	Energieumsatz	Führung	Handhabung	Effektor	Speicherung	Rezeptor	Verarbeitung	Zielsetzung
Handarbeit	-	-	-	-	-	-	-	-	-
Handwerkliche Arbeit	T	-	-	-	-	-	-	-	-
Mechanisierte Arbeit	T	T	-	-	-	-	-	-	-
Einfache Maschinenarbeit	T	T	T	-	-	-	-	-	-
Entwickelte Maschinenarbeit	T	T	T	T	-	-	-	-	-
Entwickelte Maschinenarbeit	T	T	T	T	T	-	-	-	-
Automatisierte Maschinenarbeit	T	T	T	T	T	T	-	-	-
Automatisierte Maschinenarbeit	T	T	T	T	T	T	T	-	-
Automatisierte Maschinenarbeit	T	T	T	T	T	T	T	T	-

Abb. 1.1 Systematik der Technisierungsstufen bzw. soziotechnische Identifikation (Quelle: [22])

sodass man ein soziotechnisches Handlungssystem erhält, in dem menschliche und technische Funktionsträger zusammenwirken. Dabei besteht ein soziotechnisches (Produktions-) System auf der Meso- und somit Organisationsebene aus miteinander verknüpften soziotechnischen Mikrosystemen, die auch als Arbeitssysteme bezeichnet werden können. Jedes Arbeitssystem umfasst somit ein menschliches und ein technisches Element, die erst in ihrer gemeinsamen Verbindung Subsysteme bilden und somit Funktionen innerhalb des Gesamtsystems ermöglichen [22].

Mit dem zunehmenden Einsatz autonomer Technologien auf Basis künstlicher Intelligenz (KI) verändert sich aber das Verhältnis zwischen Mensch, Technik und Organisation grundlegend. So sind die Rollen des Menschen als Akteur in soziotechnischen Systemen, seine Kompetenzen und sein Beitrag zum Wertschöpfungsprozess neu zu verorten [18]. Daugherty und Wilson (2018) schlagen eine differenzierte Betrachtung der Mensch-Maschine-Interaktion vor, die sich am Autonomiegrad technischer Systeme sowie der Art der auszuführenden Tätigkeiten orientiert. Zentrale Grundlage der Analyse ist dabei die Aufteilung von Aufgaben zwischen Mensch und Maschine entlang des Prinzips „Man is better at, machine is better at". Während maschinelle Systeme insbesondere für die Übernahme repetitiver, datenbasierter Routinetätigkeiten prädestiniert sind, verbleiben komplexe Tätigkeiten wie Führung, Empathie, Kreativität und Urteilsvermögen aufseiten des Menschen. Entscheidend ist hier jedoch nicht die Substitution des Menschen, sondern dessen komplementäre Rolle im Zusammenspiel mit KI-Systemen. Dabei können zwei übergeordnete Perspektiven für die Mensch-Maschine-Interaktion unterschieden werden:

- Der Mensch ergänzt die Maschine: In dieser Rolle übernimmt der Mensch Funktionen als Trainer, Erklärer und Erhalter. Als Trainer ist er verantwortlich für die Auswahl und das Training von Algorithmen sowie die Qualitätssicherung der Trainingsdaten. In der Rolle des Erklärers fungiert er als Übersetzer komplexer Systemausgaben für Dritte und trägt zur Nachvollziehbarkeit algorithmischer Entscheidungen bei – eine zentrale Anforderung im Kontext erklärbarer KI. Als Erhalter sichert der Mensch den stabilen Betrieb der KI-Systeme, überwacht die Eingangs- und Ausgangsdaten und nimmt Anpassungen bei sich verändernden Kontextbedingungen vor.
- Die Maschine erweitert den Menschen: Hierbei stehen die Rollen der Verstärkung, Interaktion und Verkörperung im Vordergrund. Verstärkung meint die Analyse großer Datenmengen zur Entscheidungsunterstützung des Menschen. Im Rahmen der Interaktion kommen KI-Agenten zum Einsatz, die entweder eigenständig Aufgaben übernehmen oder dem Menschen assistierend zur Seite stehen. Die Verkörperung beschreibt schließlich kollaborative Robotersysteme, die physische Aufgaben übernehmen und damit den Menschen körperlich entlasten.

Diese systematische Differenzierung ermöglicht die Schließung einer bisher vernachlässigten „Lücke" in der Forschung, bei der die Kollaboration von Mensch und KI-Systemen im Sinne einer produktiven Zusammenarbeit als „Hybride Intelligenz" betrachtet wird und in hybriden Tätigkeitskonstellationen das größte Potenzial für Effizienzgewinne und Innovationskraft liegt [6] (vgl. Kap. 4).

1.3 KI-basierte Arbeitssysteme – eine Morphologie

Es wird also deutlich, dass KI-Systeme in produzierenden Unternehmen nicht nur als Werkzeuge zur Automatisierung, sondern Bestandteile komplexer soziotechnischer Arrangements – bestehend aus technischen, organisatorischen und menschlichen Teilsystemen – sind. Die Gestalt solcher soziotechnischer, KI-basierter Arbeitssysteme ist im industriellen Kontext schier unerschöpflich. Um dieser Vielfalt gerecht zu werden, bietet sich ein morphologischer Kasten als Übersicht potenziell möglicher Ausgestaltungen an. Der morphologische Kasten kann dabei sowohl für Wissenschaft als auch für Praxis zur Charakterisierung und Entscheidungsunterstützung herangezogen werden. So ermöglicht diese Darstellung eine einheitliche Sicht auf relevante Eigenschaften und korrespondierende Ausprägungen und verdeutlicht den Raum möglicher Anwendungsbereiche, Einsatzfelder und damit auch der Ausgestaltungen KI-basierter Arbeitssysteme mit Fokus auf die Mensch-Maschine-Kollaboration. Diese soziotechnische Perspektive kann weiterhin als Instrument der Sensibilisierung bei der Auswahl möglicher KI-Systeme herangezogen werden und ist – als weiterer Vorteil – aufgrund seiner Einfachheit und Strukturiertheit hinsichtlich zukünftiger Entwicklung sowohl auf Ebene der Eigenschaften als auch Ausprägungen erweiterbar [30] (Tab. 1.1).

Die vorliegende Morphologie macht diese Komplexität greifbar, wobei jedes Merkmal einem oder mehreren Teilsystemen eines soziotechnischen Systems zugeordnet werden kann und somit auch die vielfältigen Schnittstellen zwischen Mensch, Technik und Organisation aufzeigt.

Das technische Teilsystem umfasst die Hard- und Softwarearchitektur der KI sowie ihre algorithmischen Grundlagen. Merkmale wie

- KI-Technologie (z. B. regelbasierte Systeme, Deep Learning, NLP),
- Lernansätze (z. B. überwachtes, unüberwachtes oder bestärkendes Lernen),
- Funktionen (z. B. Planen, Suchen, Vorhersagen),
- Wahrnehmung von Daten (Sensorik, digitale Muster, Audio/Video) und
- Darstellungs- und Interaktionsformen (physische und kognitive Systeme)

zeigen die Bandbreite technologischer Ausprägungen und beeinflussen maßgeblich die Funktionalität des Systems.

So können KI-Technologien in regelbasierte KI (symbolische KI), Machine Learning (ML), Neuronale Netze (Deep Learning), Natürliche Sprachverarbeitung (NLP) und Computer Vision unterschieden werden. Lernansätze, die sich auf verschiedene Methoden der Stochastik und Statistik beziehen, können auf einer übergeordneten Ebene in drei klassische Lernansätze des überwachten Lernens, des unüberwachten Lernens sowie des bestärkenden Lernens unterschieden werden (vgl. Abschn. 2.3). Zu den Funktionen von KI zählen Datenaggregation und -filterung, Optimierung, Planung, Anreicherung und Verarbeitung von Informationen, Kommunikation, Vorhersage, Argumentation, Suche, Lernen sowie Wahrnehmung und Erkennung. Moderne KI-Anwendungen haben ein großes Potenzial, vielfältige Datenarten wie Audio, Video, digitale Daten, Sensordaten (IOT), aber auch statistische Daten und Muster zu verarbeiten. Die Darstellung und Interaktion des KI-Systems mit dem Nutzer ist dabei zentral, wobei Systeme als physikalisch oder rein kognitiv unterschieden werden können. Physikalische Systeme können mobile klassische Geräte und kollaborative Maschinen sowie stationäre vollautomatisierte humanoide Maschinen sein. Kognitive Systeme interagieren oft über konventionelle Anwendungen verbal, schriftlich oder mittels immersiver Technologien wie Augmented Reality.

Die organisatorische Dimension betrifft die Einbettung von KI in betriebliche Strukturen und Prozesse. Besonders relevant sind hier:

Tab. 1.1 Morphologischer Kasten KI-basierter Arbeitssysteme (Quelle: in Anlehnung an [30])

<table>
<tr><th>Charakteristische Merkmale</th><th colspan="10">Ausprägung</th><th>Quelle</th></tr>
<tr><td>KI-Technologie</td><td colspan="2">Regelbasierte KI (symbolische KI)</td><td colspan="2">Machine Learning (ML)</td><td colspan="2">Neuronale Netze (Deep Learning)</td><td colspan="2">Natürliche Sprachverarbeitung (NLP)</td><td colspan="2">Computer Vision</td><td>vgl. Abschn. 2.2</td></tr>
<tr><td>Lernansätze</td><td colspan="3">Überwachtes Lernen (engl. supervised learning)</td><td colspan="4">Unüberwachtes Lernen (engl. unsupervised learning)</td><td colspan="3">Bestärkendes Lernen (engl. reinforcement learning)</td><td>vgl. Abschn. 2.3</td></tr>
<tr><td rowspan="2">Funktion</td><td colspan="2">Aggregation & Filterung von Daten</td><td colspan="2">Optimierung</td><td colspan="2">Planen</td><td colspan="2">Anreicherung und Verarbeitung von Informationen</td><td colspan="2">Kommunizieren</td><td rowspan="2">[23]</td></tr>
<tr><td colspan="2">Vorhersage/Prognose</td><td colspan="2">Argumentation/ Schlussfolgern/Begründen</td><td colspan="2">Suchen</td><td colspan="2">Lernen</td><td colspan="2">Wahrnehmung/Erkennen</td></tr>
<tr><td>Wahrnehmung von Daten</td><td colspan="2">Audio</td><td colspan="2">Video</td><td>Digital</td><td>Geruch</td><td colspan="2">IOT (Sensordaten)</td><td colspan="2">Statistische Daten, Muster</td><td>[19,26]</td></tr>
<tr><td rowspan="3">Darstellungs- und Interaktionsform</td><td colspan="5">Physisches System vorhanden (Hardware)</td><td colspan="5">(Rein) Kognitives System (Software)</td><td>[25]</td></tr>
<tr><td colspan="2">Klassisch</td><td>Kollaborativ</td><td colspan="2">Maschine</td><td colspan="4" rowspan="2">Konventionelle Anwendung</td><td rowspan="2">Immersive Anwendung (MR, AR, VR)</td><td rowspan="2">[10, 13, 21, 29]</td></tr>
<tr><td colspan="3">Mobil</td><td colspan="2">Stationär</td></tr>
<tr><td rowspan="2">Industrieller Einsatzbereich</td><td colspan="5">Primäre Aktivität</td><td colspan="5">Sekundäre Aktivität</td><td rowspan="2">[20]</td></tr>
<tr><td>Eingangslogistik</td><td>Produktion bzw. Operationen</td><td>Ausgangslogistik</td><td>Marketing und Vertrieb</td><td>Service/ Kundendienst</td><td colspan="2">Personalwirtschaft</td><td>Technologieentwicklung</td><td>Beschaffung</td><td>Unternehmensinfrastruktur</td></tr>
<tr><td>Arbeitsobjekt</td><td>Güter & Rohstoffe</td><td>Post & Sendungen</td><td>Briefe, Akten & Vordrucke</td><td>Pflanzen & Umwelt</td><td>Tiere</td><td>Technische Anlagen aller Art</td><td>Personen</td><td>Waren & Produkte aller Art</td><td>Bauten</td><td>Verkehr</td><td>[28]</td></tr>
<tr><td>Arbeitsmittel</td><td colspan="5">Materiell</td><td colspan="5">Immateriell</td><td>[11]</td></tr>
</table>

(Fortsetzung)

Tab. 1.1 (Fortsetzung)

<table>
<tr><th>Charakteristische Merkmale</th><th colspan="9">Ausprägung</th><th>Quelle</th></tr>
<tr><td>Änderung des Arbeitssystems/ Implementierungs-aufwand</td><td colspan="2">Keine Veränderung/kein Aufwand</td><td colspan="2">Leichte Veränderung/ geringer Aufwand</td><td colspan="3">Große Veränderung/hoher Aufwand</td><td colspan="2">Komplette Umgestaltung/ sehr hoher Aufwand</td><td>[25]</td></tr>
<tr><td>Autonomiestufe</td><td>Keine Unterstützung/ Mensch entscheidet</td><td colspan="2">Aktionsunterstützung/ assistiertes Entscheiden</td><td>Ent-scheidungs-unter-stützung/ teilweises Entscheiden</td><td colspan="2">Gemischte/geprüfte Entscheidung</td><td colspan="2">Automatisierte/delegierte Entscheidungsfindung</td><td>Vollständige Auto-matisierung/ autonomes Entscheiden</td><td>[3, 4]</td></tr>
<tr><td>Typ der Arbeit</td><td colspan="4">Energetische Arbeit</td><td colspan="5">Informatorische Arbeit</td><td>[24]</td></tr>
<tr><td>Art der Arbeit</td><td>Mechanisch</td><td colspan="2">Motorisch</td><td colspan="2">Reaktiv</td><td colspan="2">Kombinativ</td><td colspan="2">Kreativ</td><td>[20]</td></tr>
<tr><td>Soziale Präsenz</td><td colspan="4">Computer-vermittelte-Kommunikation</td><td colspan="5">Mensch-Maschine-Interaktion</td><td>[1]</td></tr>
<tr><td>Erklärbarkeit/ Transparenz</td><td colspan="2">Keine (Entscheidung des Algorithmus wird ohne Erläuterung vorgelegt)</td><td colspan="4">Gering (Nutzer erhält Daten als Basis, auf die sich die Entscheidung stützt)</td><td colspan="3">Hoch (Nutzer erhält eine erläuternde/(visuelle) Schlussfolgerung des Algorithmus anhand der zugrundliegenden Daten)</td><td>[8, 9, 15, 17]</td></tr>
<tr><td>Interaktivität</td><td colspan="2">Statisch, keine Anpassung der Interaktion</td><td colspan="4">KI kann sich durch Interaktion mit dem Mitarbeiter an den Menschen anpassen</td><td colspan="3">Kann sich eigenständig durch Interaktion mit dem Menschen personalisiert an einzelne Nutzer anpassen</td><td>[5]</td></tr>
<tr><td>Benutzer</td><td colspan="2">Kunden oder Klienten</td><td colspan="4">Arbeitsperson</td><td colspan="3">Maschine</td><td>[27]</td></tr>
</table>

- Industrieller Einsatzbereich (z. B. Produktion, Logistik, Kundenservice),
- Arbeitsobjekt (z. B. Güter, Bauten, Verkehr) und Arbeitsmittel (materiell, immateriell),
- Änderung des Arbeitssystems sowie Implementierungsaufwand und
- Autonomiestufe (von assistierender bis zu vollständig autonomer Entscheidungsfindung).

Diese Merkmale verdeutlichen, in welchem Maße bestehende Produktionsabläufe durch KI verändert oder transformiert werden – von inkrementeller Integration bis hin zur disruptiven Systemerneuerung.

Der organisatorische Einsatzbereich von KI kann durch die Wertkette nach Porter definiert werden, die Unternehmen in primäre und sekundäre Aktivitäten unterteilt. Arbeitsobjekte in produzierenden Unternehmen können Güter, Post, Dokumente, Pflanzen, Tiere, technische Anlagen, Personen, Produkte, Bauten oder Verkehr sein. Arbeitsmittel umfassen materielle Werkzeuge, Maschinen, Messgeräte, Computer, Kommunikationsgeräte, Fahrzeuge und immaterielle Hilfsmittel wie Software. Proportional zum Umfang der Änderung des Arbeitssystems steigt der Aufwand der Implementierung, von keiner Veränderung und damit keinem Aufwand bis hin zu einer möglichen kompletten Umgestaltung, welche mit einem sehr hohen Aufwand einhergeht. Der Automatisierungsgrad von Arbeitsmitteln variiert und hängt vom Grad des autonomen Handelns des KI-Systems ab. Die Autonomiestufen lasse sich demnach unterteilen in Systeme, in welchen der Mensch ohne Unterstützung entscheidet, über assistierte Entscheidungen, teilweise Entscheidungen, delegierte Entscheidungen – was einer Automatisierung entspricht –, bis hin zum autonomen und somit vollständig automatisierten Entscheiden.

Im Fokus des menschlichen Teilsystems stehen hier die Interaktion, Wahrnehmung und das Verhalten der Menschen, die mit dem System arbeiten – sei es als Entwickelnde, Produktionsmitarbeitende oder Führungskräfte. Zentrale Merkmale sind:

- Typ (energetisch vs. informatorisch) und Art der Arbeit (z. B. mechanisch, motorisch, kreativ),
- Soziale Präsenz (Computer-vermittelte Kommunikation, Mensch-Maschine-Interaktion),
- Erklärbarkeit/Transparenz und Interaktivität,
- Interaktivität (statisch bis individuell) und
- Benutzer (Mensch, Maschine, Kunde).

Die Eigenschaften Akzeptanz, Vertrauen und Kompetenzentwicklung sind im Umgang mit KI-Systemen entscheidend. Das Schaffen von Möglichkeit zur Interaktion, zum Verständnis von Entscheidungen und zur Einflussnahme durch den Menschen stärkt die soziale Einbettung (soziale Präsenz) der Technologie und kann als Computer-vermittelnde Kommunikation oder als Mensch-Maschinen-Interaktion gestaltet werden. Je nach Aktivitätsbereich lässt sich die Arbeitstätigkeit (Art der Arbeit) in mechanische, motorische, reaktive, kombinative oder kreative Tätigkeiten differenzieren, die von einem unterschiedlichen Anteil an informatorischer oder energetischer Arbeit geprägt sein kann (Typ der Arbeit). Die Gestaltung des Interfaces spielt eine wichtige Rolle für die soziale Präsenz und das Vertrauen der Nutzer in das KI-System. Erklärbare KI (XAI) soll Transparenz und Anpassungsfähigkeit dem Nutzer bieten, um das Vertrauen und die Akzeptanz in Unternehmen zu stärken. Für die Eigenschaften der Erklärbarkeit und Transparenz finden sich Ausprägungen von einer fehlenden Erläuterung zu Entscheidungen von Algorithmen über eine geringe Information des Nutzenden über die Datenbasis zur Entscheidungsfindung – für eine bessere Nachvollziehbarkeit – bis zu einer hohen Erklärbarkeit und Transparenz, bei welcher der Akteur eine Erläuterung zur Schlussfolgerung erhält und somit die Entscheidung nachvollziehbar für ihn wird. Die Interaktivität mit der KI kann statisch, anpassbar oder individuell sein, wobei die Nutzergruppen sowohl menschliche Akteure wie Kunden oder Arbeitspersonen als auch Maschinen sein können.

1.4 Zusammenfassung und Ausblick

Künstliche Intelligenz – als eine Schlüsseltechnologie der Digitalisierung – bringt vielfältige Einsatzfelder und Anwendungsbereiche mit sich, die unterschiedlich ausgestaltet sind und in zahlreichen Unternehmensbereichen eingesetzt werden können; diese reichen von Bild- oder Tonerkennung, Datenanalysen bis hin zu Automatisierungen von Prozessen [4]. Der Beitrag adressiert genau diese Vielfalt und schafft mit dem erarbeiteten morphologischen Kasten eine Übersicht industrieller, KI-basierter Arbeitssysteme mit einem Fokus auf eine soziotechnischer Perspektive – im Sinne der Integration technischer, organisatorischer und menschlicher Teilsysteme.

Gerade die Rollenverteilung zwischen Mensch und Technik erfährt in Zeiten generativer KI eine neue Dynamik. Während das von Daugherty und Wilson (2018) skizzierte Modell weiterhin zentrale Orientierungen bietet, zeigt sich, dass generative KI-Modelle Aufgabenbereiche erreichen, die bislang als genuin menschlich galten – etwa Sprachproduktion, kreative Problemlösung oder visuelle Gestaltung. Dies bedeutet jedoch keine echte Substitution menschlicher Fähigkeiten, sondern vielmehr eine synthetische Reproduktion auf Basis großer Datenmengen. Damit verschieben sich die Kompetenzanforderungen: Der Mensch tritt zunehmend in die Rolle eines Kurationsexperten, der Ergebnisse bewertet, in den Kontext einordnet und Verantwortung übernimmt. Neue Rollen wie Prompt Engineer, Systemintegrator oder AI-Ethikberater ergänzen klassische Aufgabenprofile und verdeutlichen, dass die Kooperation von Mensch und KI nicht nur technisch, sondern auch sozial, normativ und organisational gestaltet werden muss.

Literatur

1. Bär, N. (2014): Human-Computer Interaction and Online Users' Trust, Universitätsverlag Chemnitz.
2. Bendel, A.; Latniak, E. (2023): Weiter so mit MTO? Konzeptionelle Entwicklungsbedarfe soziotechnischer Arbeits- und Systemgestaltung. In: *Gr Interakt Org* 54 (1), S. 9–26. https://doi.org/10.1007/s11612-023-00669-6.
3. BMWi (2019): Technologieszenario "Künstliche Intelligenz in der Industrie 4.0", Plattform Industrie 4.0, Berlin.
4. BMWi (2020): Künstliche Intelligenz in der Industrie 4.0: Orientierung, Anwendungsbeispiele, Handlungsempfehlungen.
5. Chander, A., Srinivasan, R., Chelian, S., Wang, J., Uchino, K. (2018): Working with Beliefs: AI Transparency in the Enterprise, in: IUI Workshops.
6. Daugherty, P. R.; Wilson, H. J. (2018): Human + Machine. Künstliche Intelligenz und die Zukunft der Arbeit. München: dtv.
7. Di Vaio, A., Palladino, R., Hassan, R., Escobar, O. (2020): Artificial Intelligence and Business Models in the Sustainable Development Goals Perspective: A Systematic Literature Review, in: Journal of Business Research, Vol. 121, S. 283–314, https://doi.org/10.1016/j.jbusres.2020.08.019.
8. Ebbers, F., Zibuschka, J., Zimmermann, C., et al. (2021): User preferences for Privacy Features in Digital Assistants, in: Electron Markets, Vol. 31, S. 411–426, https://doi.org/10.1007/s12525-020-00447-y.
9. Eggert, C.-G., Winkler, C., Schumann, J. H. (2019): Datenfreigabe als Grundlage für erfolgreiche Smart Services im Business-to-Business-Kontext: Herausforderungen und erste Lösungsansätze, in: Obermaier, R. (Hrsg.), Handbuch Industrie 4.0 und Digitale Transformation, S. 479–501, Springer Fachmedien Wiesbaden, https://doi.org/10.1007/978-3-658-24576-4_20.
10. Gevatter, H.-J., Grünhaupt, U.(2006): Handbuch der Mess- und Automatisierungstechnik, Springer-Verlag, https://doi.org/10.1007/3-540-34823-9.
11. Güntürk-Kuhl, B., Lewalder, A. C., Martin, P. (2019): Taxonomie der Arbeitsmittel des BIBB, Bundesinstitut für Berufsbildung.
12. Hellmann, M. (2023): Das Konzept des Soziotechnischen Systems – Vorschlag eines Rahmenmodells zur Analyse von Digitalisierungsprozessen.
13. Jiang, S., Arkin, R. C. (2015): Mixed-Initiative Human-Robot Interaction, in: Proceedings of the 2015 IEEE International Conference on Systems, Man, and Cybernetics, S. 954–961, Hong Kong.
14. Keding, C. (2021): Understanding the Interplay of Artificial Intelligence and Strategic Management: Four Decades of Research in Review, in: Management Review Quarterly 71(1), S. 91–134.
15. König, P., Wurster, S., Siewert, M. B. (2021): Consumers Are Willing to Pay a Price for Explainable, But Not for Green AI.
16. Lu, Y. (2019): Artificial Intelligence: A Survey on Evolution, Models, Applications and Future Trends, in: Journal of Management Analytics 6(1), S. 1–29.
17. Mohseni, S., Zarei, N., Ragan, E. D. (2021): A Multidisciplinary Survey and Framework for Design and Evaluation of Explainable AI Systems, in: ACM Transactions on Interactive Intelligent Systems (TiiS) 11(3–4), S. 1–45.
18. Niehues, S.; Sandrock, St.; Shahinfar, F.; Schüth, N. J.; Conrad, R (2023): Gestaltung eines KI-Arbeitssystems. In: Sascha Stowasser (Hg.): Künstliche Intelligenz (KI) und Arbeit. Berlin, Heidelberg: Springer Berlin Heidelberg (ifaa-Edition), S. 141–166.

19. Offensive-Mittelstand (Hrsg.)(2019):, Umsetzungshilfen Arbeit 4.0, Heidelberg.
20. Porter, M. E. (2008): Competitive Advantage: Creating and Sustaining Superior Performance, Simon and Schuster.
21. Razek, A., Rahman, A., van Husen, C., Pallot, M., Richir, S. (2018): A Comparative Study on Conventional versus Immersive Service Prototyping (VR, AR, MR), in: Richir, S. (Hrsg.), Proceedings of the Virtual Reality International Conference – Laval Virtual, VRIC, 18, ACM, S. 1–10.
22. Ropohl, G. (2009): Allgemeine Technologie: eine Systemtheorie der Technik: KIT Scientific Publishing.
23. Salah, K., Rehman, M. H. U., Nizamuddin, N., Al-Fuqaha, A. (2019): Blockchain for AI: Review and Open Research Challenges, in: IEEE Access 7, S. 10127–10149, https://doi.org/10.1109/ACCESS.2018.2890507.
24. Schlick, C. M., Luczak, H., Bruder, R., Ergonomische Gestaltung, in: Schlick, C. M., Bruder, R., Luczak, H. (Hrsg.) (2010): Arbeitswissenschaft, Springer-Verlag, https://doi.org/10.1007/978-3-540-78333-6_10.
25. Späker, L., Mark, B. G., Rauch, E. (2021): Development of a Morphological Box to Describe Worker Assistance Systems in Manufacturing, in: Procedia Manufacturing 55, S. 168–175, https://doi.org/10.1016/j.promfg.2021.10.024.
26. Stefik, M. (2014): Introduction to Knowledge Systems, Elsevier.
27. Stone, D., Jarrett, C., Woodroffe, M., Minocha, S. (2005): User Interface Design and Evaluation, Elsevier.
28. Stooß, F., Troll, L. (1988): Das "Arbeitsmittel"-Konzept als Instrumentarium zur Beobachtung des beruflichen Wandels, in: Mitteilungen aus der Arbeitsmarkt-und Berufsforschung 21(1), S. 16–33.
29. van Husen, C., Rahman, A., Razek, A., Raban, M., Imran, S. (2019): Entwicklung kooperativer Dienstleistungen durch Service Prototyping, in: Bruhn, M., Hadwich, K. (Hrsg.), Kooperative Dienstleistungen, Springer Fachmedien Wiesbaden, S. 383–406, https://doi.org/10.1007/978-3-658-26389-8_17.
30. von Garrel, J.; Jahn, C.; Schröter, D. (2022): Der Einsatz Künstlicher Intelligenz in produzierenden Unternehmen. In: Zeitschrift für wirtschaftlichen Fabrikbetrieb 117 (5), S. 338–343. https://doi.org/10.1515/zwf-2022-1051.

2 Künstliche Intelligenz in der Produktion

Patrick Berger, Jörg von Garrel und Carlos Jahn

Zusammenfassung

Der Beitrag zielt darauf ab, einen Einblick in die technologische Dimension von Künstlicher Intelligenz zu geben. Konkret werden potenzielle KI-Technologien, KI-Lernansätze und KI-Anwendungsfälle für den industriellen Kontext vorgestellt. Bei den KI-Technologien werden regelbasierte KI – auch als symbolische KI bezeichnet, Machine Learning (ML), Neuronale Netze (Deep Learning), Natürliche Sprachverarbeitung (NLP) sowie Computer Vision näher vorgestellt. Bei den Lernansätzen werden drei klassische Lernansätze des überwachten Lernens, des unüberwachten Lernens sowie des bestärkenden Lernens beschrieben. Eine Darstellung möglicher Use Cases im industriellen Kontext, bei der auch die Chancen und Risiken dieser KI-Systeme dargestellt werden, schließen den Beitrag ab.

P. Berger · J. von Garrel (✉)
Hochschule Darmstadt, Darmstadt, Deutschland
E-Mail: joerg.vongarrel@h-da.de

C. Jahn
Technische Universität Hamburg, Hamburg, Deutschland
E-Mail: carlos.jahn@tuhh.de

J. von Garrel und S. Thomas (Hrsg.), *Künstliche Intelligenz im produzierenden Mittelstand,* https://doi.org/10.1007/978-3-658-49275-5_2

2.1 Künstliche Intelligenz

Künstliche Intelligenz (KI) ist ein altes und umfassendes Forschungsgebiet und hat seine Ursprünge in den 1950er Jahren [11]. Allgemein kann KI bezeichnet werden, als **Versuche, Prozesse nach Vorbild der menschlichen Kognition zu automatisieren** [37]. Über die Jahre hinweg wurde eine Vielzahl von Ansätzen und Methoden entwickelt, von denen aber nur wenige einen durchschlagenden Erfolg in der praktischen Anwendung haben. Die folgenden Unterkapitel geben einen Überblick über die relevantesten KI-Technologien, etablierte Lernansätze sowie Anwendungsfälle. Hierzu zählen **regelbasiertes und maschinelles Lernen** (inkl. Deep Learning) in zahlenbasierten, sprachbasierten und visuellen Anforderungsaufgaben sowie die damit zusammenhängenden Einsatzgebiete in Wirtschaft, Gesellschaft, Bildung und Medizin.

Grundsätzlich ist Künstliche Intelligenz (KI) schwer zu definieren, da es für den Begriff „Intelligenz" keine allgemeingültige Definition gibt. Unter dem Begriff KI werden: *„[...] Ansätze verstanden, die das Ziel haben, Maschinen kognitive Fähigkeiten beizubringen, um bestimmte Probleme durch selbständiges Lernen immer besser lösen zu können."* [4].

Im Kontext von Dienstleistungen werden somit IT-Systeme in die Lage versetzt, autonom aus Daten zu lernen, konkrete Sachverhalte zu bearbeiten und sich dabei iterativ zu verbessern (Abb. 2.1). Ein KI gestütztes System kann daher auf seine Umwelt reagieren und über diese informieren, aber sie nicht erleben [34].

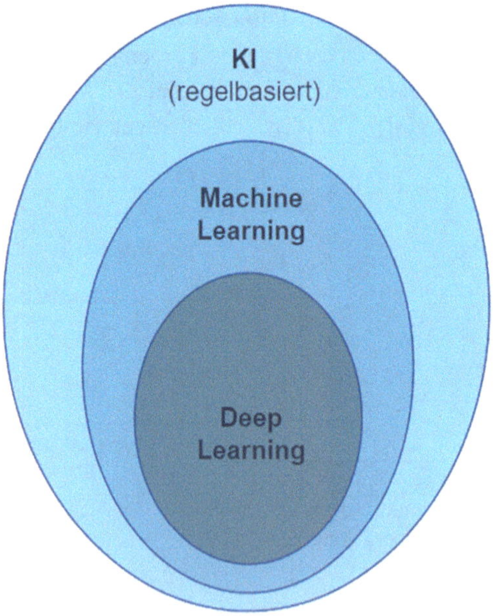

Abb. 2.1 Zusammenhang zwischen KI, Machine Learning und Deep Learning (Quelle: Eigene Darstellung)

2.2 KI-Technologien

Generell können verschiedene KI-Technologien unterschieden werden.

Die **regelbasierte KI** wird auch oft als symbolische KI bezeichnet. Es handelt sich dabei um die technologisch einfachste Form von KI, bei der die Entscheidungen auf Basis von expliziten Regeln und logischen Schlussfolgerungen abgeleitet wird. Regelbasierte Modelle können demnach Zusammenhänge plausibel darstellen und zeichnen sich durch ihre Nachvollziehbarkeit aus, da sie genaue Lösungswege aufzeigen können, die zur Entscheidungsfindung führen [10]. Im Wesentlichen wird das Wissen bei diesem Ansatz über Wenn-dann-Regeln definiert. Wenn das System mit einer Anfrage konfrontiert wird, durchsucht es seine Regelbasis (die Gesamtheit der definierten Regeln) und prüft, ob deren Bedingungen mit den gegebenen Eingaben übereinstimmen. Anschließend werden aus den Regeln entsprechende Schlussfolgerungen gezogen und die damit zusammenhängenden Aktionen ausgeführt [10].

Das Herzstück solcher Systeme ist der sogenannte „Inferenzprozess". Er nutzt verschiedene Methoden, um die Logik entsprechend den Regeln umzusetzen (Abb. 2.2).

Die zwei am häufigsten vertretenen Methoden sind:

- **Forward Chaining** – Das System hat zum Ziel, soviel Schlussfolgerungen wie möglich zu ziehen.
- **Backward Chaining** – Das System versucht ein klar definiertes Ziel zu erreichen.

Im Rahmen des Forward Chainings beginnt das System mit den bekannten Fakten (Daten) und wendet die definierten „Wenn-dann-Regeln" an. Bei diesem Inferenzprozess werden auf Basis der Regeln Schlussfolgerungen für die Daten gezogen. Dieses Vorgehen eignet sich zum Beispiel für Diagnosen in der Medizin, um von Symptomen und/oder Testergebnissen auf mögliche Krankheiten zu schließen [6]. Das Backward Chaining ist der gegensätzliche Ansatz zum Forward Chaining. Hierbei wird ein bestimmtes Ziel (Hypothese) definiert und das System sucht nach Regeln, um diese mittels der Daten zu verifizieren oder falsifizieren. Ein derartiger Ansatz eignet sich beispielsweise für mathematische Beweisführungen [6].

Regelbasierte KI-Systeme haben den Vorteil, dass sie aufgrund explizit definierter Regeln transparent und leicht nachvollziehbar sind. Daher wird dieser Ansatz häufig

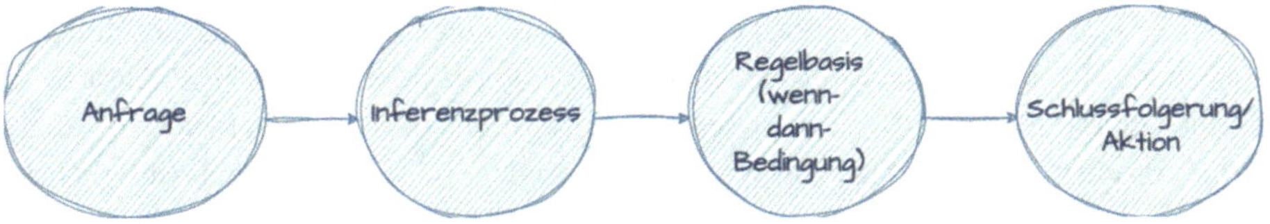

Abb. 2.2 Regelbasierte KI (Quelle: Eigene Darstellung)

für Expertensysteme verwendet. Sie können jedoch bei komplexen Problemen, die eine große Menge an Wissen erfordern, untauglich werden, da sie nicht in der Lage sind, aus Erfahrungen zu lernen [10].

Machine Learning (ML) ist eine KI-Methode, bei der ein Programm auf Basis von Algorithmen und statistischen Modellen wiederholt Aufgaben ausführt und seine Leistung basierend auf diesen Wiederholungen evaluiert. Mittels Algorithmen und statistischer Modelle erlangen Computer die Fähigkeit, aus Daten zu lernen und Entscheidungen oder Vorhersagen zu treffen, ohne diese vorher explizit programmiert zu haben. Ziel dieses Verfahren ist es, dass der Algorithmus iterativ seine Leistung erhöht und auf Grundlage dessen unbekannte Daten korrekt beurteilen kann [7, 10].

Ein **Neuronales Netz (NN)** basiert auf dem Ansatz des **„Deep Learning"** (DL) und stellt einen Teilbereich des maschinellen Lernens dar. Dabei handelt es sich um ein Netzwerk bestehend aus künstlichen Neuronen, welches trainiert wird [31]. Die künstlichen Neuronen werden in der Informationstechnologie als Schichten (Layer) bezeichnet, welche verschiedene Aspekte in den Daten abdecken können. Letztlich ist es ein Versuch, kognitive Gehirnprozesse zu imitieren, indem für die einzelnen Schichten unterschiedliche Trainingsschwerpunkte gewählt werden. Beispielsweise könnte im Rahmen der Bilderkennung eine Schicht Kanten und Texturen erlernen, während eine spätere Schicht Formen oder Objekte trainiert [7]. Das Vernetzten von Schichten mit unterschiedlichen Schwerpunkten ermöglicht es, Entscheidungen und Vorhersagen für komplexe Sachverhalte zu optimieren. Daher werden neuronale Netze oft verwendet, um komplexe Muster in großen Mengen von Daten zu erkennen und zu lernen [7]. Einsatzgebiete sind vor allem Objekterkennung, Spracherkennung und allgemeine Bildklassifizierung [24].

Die **natürliche Sprachverarbeitung** ermöglicht Algorithmen, die menschliche Sprache zu verstehen bzw. Anfragen zu klassifizieren und darauf zu reagieren. Dies setzt zwei Ansätze voraus, die auf Basis maschineller Lernmethoden realisiert werden:

- **Natural Language Processing (NLP)** – Generierung natürlicher Sprache
- **Natural Language Understanding (NLU)** – Verständnis und Interpretation natürlicher Sprache

Das NLP befasst sich hauptsächlich mit der Struktur und Form von Sprache, einschließlich der Grammatik. Es geht darum, Regeln und Prinzipien zu fassen, wie Sätze in einer bestimmten Sprache gebildet und formuliert werden [19].

Das NLU stellt einen Teilbereich des NLP dar. NLU-Ansätze beziehen sich auf die Decodierung von natürlicher Sprache, also die maschinelle Verarbeitung des Informationsinputs, der als Text oder gesprochene Worte vorliegt. Während NLP-Ansätze oft oberflächlich arbeiten (z. B. Segmentierung von Wörtern oder grammatikalische Analysen), versuchen NLU-Ansätze die zugrunde liegenden Bedeutungen und Absichten zu verstehen [19]. Sie befassen sich daher stärker mit der Semantik (u. a. Satzzeichen) und ermöglichen es, menschliche Sprache auf eine Art und Weise zu verstehen und zu interpretieren die über die bloße Struktur oder Syntax hinausgeht. Die Aufgabe von NLU-Ansätzen besteht z. B. darin, die Emotionen hinter einem Text zu erkennen oder die Beziehung zwischen verschiedenen Entitäten in einem Text zu verstehen [19].

Es ist aber anzumerken, dass es oft eine erhebliche Überlappung zwischen NLP- und NLU-Techniken gibt, da viele Aufgaben der natürlichen Sprachverarbeitung eine Kombination aus beidem voraussetzen. Zum Beispiel erfordert ein virtueller Agent ein umfangreiches Sprachmodell (Large Language Model), dass sowohl ein Verständnis der Grammatik und Satzstruktur (Syntax – NLP) als auch die Bedeutung und Interpretation von Wörtern und Sätzen (Semantik – NLU) ermöglicht [19].

Unter **Computer Vision** auch als Natural-Image-Processing bezeichnet, versteht man die Verarbeitung von Signalen, die Bilder repräsentieren. Diese Technologie zielt darauf ab, dem Computer das „Sehen" nach menschlichem Vorbild zu ermöglichen bzw. die Fähigkeit zu geben, Standbilder (Fotos) und Bewegtbilder (Videos) zu interpretieren und/oder neue Bilder zu generieren [19]. In diesem Kontext ist „Sehen" und „Verstehen" allerdings metaphorisch zu verstehen. ML oder DL kann nur dann auf grafischen Elementen angewendet werden, wenn Bilder als Daten (Pixel & Farbcodes) vorliegen [13]. Nur so kann ein Algorithmus aus Reihen von Datenpunkten die Informationen verarbeiten. Methoden, die hier zum Einsatz kommen, haben meist das Ziel, Inhalte zu klassifizieren, zu segmentieren und auf Wesentliches zu reduzieren. Daher wird überwiegend das Deep Learning angewendet und für folgende Problemstellungen in Produktion, Logistik, Gesundheit, Bildung und Verkehr angewendet [13, 14, 26]:

- Objekterkennung und -klassifikation (inkl. Szenen- und Kontextverständnis)
- Objektsegmentierung
- Erkennung von Gesichtsmerkmalen und -ausdrücken
- Bewegungserkennung und -verfolgung
- 3D-Rekonstruktion aus 2D-Vorlagen

2.3 KI-Lernansätze

Lernansätze im Kontext der KI beziehen sich auf verschiedene Methoden der Stochastik und Statistik, die es Maschinen ermöglichen, Daten zu verarbeiten, aus diesen zu lernen und darauf basierend definierte Aufgaben zu erledigen oder Probleme zu lösen [7]. Mittels dieser methodischen Werkzeuge können Daten auf unterschiedliche Arten betrachtet, analysiert und ausgewertet werden. In der Fachliteratur lassen sich hierzu diverse Ansätze finden. Übergeordnet lassen sich drei klassische Lernansätze identifizieren, wie Daten im Kontext des maschinellen Lernens verarbeitet werden. Diese lassen sich abhängig vom Anforderungsbereich des Systems auch kombinieren und mittels verschiedener Datenanalyseverfahren realisieren [7, 10].

Das **überwachte Lernen** beschreibt, wie ein Algorithmus mittels gekennzeichneter Trainingsdaten trainiert wird. Gekennzeichnet meint dabei, dass der Algorithmus aus Datenpaaren lernt, die sich aus In- und Output zusammensetzen. Der Algorithmus lernt also aus den vom Menschen vorgegebenen Zuweisungen von bspw. Merkmalen (Input) zu Inhalten (Output) [7, 10, 19].

Der Mensch nimmt bei dieser Methode eine zentrale Position als Entscheidungsträger bzw. als Gesetzgeber von Zusammenhängen ein. Ein Beispiel für überwachtes Lernen ist die Klassifizierung von Bildern (z. B. Hunde vs. Katzen) [7, 10, 19].

Im Gegensatz zum überwachten Lernen suchen Algorithmen beim **unüberwachten Lernen** ohne menschliches Zutun nach Strukturen und Mustern in Daten. Bei derartigen Ansätzen werden Modelle also ohne vorgegebene Lösungen trainiert [7, 10, 19]. Im Gegensatz zum überwachten Lernen können so komplexe Datenstrukturen erkundet und neue Erkenntnisse gewonnen werden, die nicht auf vordefinierte Kategorien (Labels) basieren. Solche Modelle nutzen Strukturen oder erkennbare Muster in Daten, um ähnliche oder zusammengehörige Daten zu gruppieren. Ein Beispiel für diese Anwendung ist die Segmentierung von Kunden auf Grundlage von Einkaufsverhalten und Interessen [7, 10, 19].

Bei Ansätzen des **bestärkenden Lernens** lernt ein Modell eigenständig durch seine direkten Interaktionen und Erfahrungen mit der Umwelt. Dabei wird das Modell nicht mit vorgegebenen Antworten oder Daten trainiert, sondern muss selbstständig aus „Feedback" (Belohnung/Reward) lernen, wie sinnvoll die Aktion für die jeweilige Situation war. Das „Feedback" wird über gewisse Werte definiert. Bei solchen Methoden lernen die Modelle durch das Feedback ihrer eigenen Handlungen, die sie auf der Grundlage des aktuellen Zustands ihrer Umgebung durchführen. Der Lerneffekt entsteht durch die im Feedback ausgedrückten Werte, auf welche die Entscheidungsfindung entsprechend angepasst wird [7, 10, 19]. Ziel des bestärkenden Lernens besteht darin, dass ein Modell eine optimale Strategie findet, um den höchstmöglichen Wert, der erwartet werden kann (z. B. 100%) zu erreichen. Ein klassisches Beispiel für verstärkendes Lernen ist das Trainieren eines Chatbots, der Nutzerfeedback für qualitativ hochwertige Antworten erhält und dadurch optimiert wird, um präzisere Antworten auf Anfragen zu liefern [7, 10, 19].

2.4 KI-Anwendungsfälle

Die folgenden Anwendungsfälle geben einen Überblick, wie KI zielführend und nutzbringend implementiert wird. Alle zahlenbasierten, sprachbasierten und visuellen Anforderungen an solche Systeme können mittels der dargestellten Technologien und Lernansätze realisiert und bewältigt werden.

Autonomes Fahren

Autonomes Fahren bezieht sich auf die Fähigkeit von Fahrzeugen ohne menschliches Eingreifen, autonom navigieren und fahren zu können. Verschiedene Ansätze der Künstlichen

Intelligenz (= Modelle & Algorithmen) spielen hierfür eine wichtige Rolle. Unterschiedliche Modelle werten verschiedene Daten in Echtzeit aus, darunter u. a. Straßenverlauf, Verkehrshinweise und die Bewegungen anderer Verkehrsteilnehmer [28]. Streng genommen stellt das autonome Fahren somit eine Fusionierung verschiedener („klassischer") Use Cases dar. Damit ein Fahrzeugsystem autonom agieren kann, muss es verschiedene Prozesse bearbeiten können [16, 28, 33].

- **Pfadplanung –**als Basis der Navigation von A nach B
- **Condition Monitoring** – für die Überwachung des Fahrzeugsystems und der Fahrzeugumgebung
- **Predicitive Maintenance** – für die Meldung zukünftiger Probleme im Fahrzeugsystem
- **VirtuellerAgent** – als Benutzerschnittstelle zwischen Nutzer und Fahrzeugsystem

Das System muss vor allem lernen, wie es Daten der Umgebung interpretieren kann. Dieser Herausforderung wird vor allem mit Methoden des Computer Vision begegnet, um so die Umwelt für das System greifbar und bewertbar zu machen. Mittels verschiedener Arten von Sensoren, Algorithmen und Modellen klassifiziert ein System die Umgebung, um sie anschließend zu analysieren und darauf basierend Entscheidungen zu treffen. Hierzu müssen autonome Fahrsysteme aus umfassenden Datensätzen lernen und mittels iterativer Tests die Fähigkeit entwickeln, sich im Straßenverkehr zu orientieren, zu navigieren und bei unvorhergesehenen Ereignissen wie z. B. dem abrupten Abbremsen, angemessen zu reagieren [18, 28]. Autonomes Fahren stellt eine Technologie dar, die diverse Einsatzmöglichkeiten in Personen- und Gütertransport, Landwirtschaft, Militär etc. bietet. Wie umfangreich ein Training für ein autonom agierendes Fahrzeug sein muss, ist letztlich abhängig vom Einsatzgebiet. Beispielsweise muss ein autonomes Fahrzeugsystem in kontrollierten Produktions- oder Lagerhallen weniger Anforderungen gerecht werden als in der natürlichen Umwelt [28]. Die miteinhergehenden Chancen und Risiken sind ebenfalls abhängig vom spezifischen Anwendungsfall (Tab. 2.1):

Tab. 2.1 Chancen und Risiken des autonomen Fahrens (Quelle: Eigene Darstellung)

Chancen	Risiken
Erhöhte Sicherheit	Cybersicherheit und Datenschutz
Reduzierung von Unfällen	Arbeitsplatzverlust
Erhöhung der Effizienz in Verkehrsströmen	Soziale und ethische Fragen
Verbesserung der Mobilität (u. a. ÖPNV)	Kosten und Zugänglichkeit
Ressourceneffizientere Mobilität	
Diverse Anwendungsfälle	

Chatbot

Ein **Chatbot** ist ein sprachbasiertes Dialogsystem, mit dem ein Benutzer per Texteingabe oder verbal kommunizieren kann. Sie werden häufig auch als virtuelle Agenten bzw. Assistenten oder Sprachassistenten bezeichnet [41].

Ein solches System ist fähig, mit dem Menschen in Dialog zu treten (Chat) und gewisse Aufgaben autonom zu erledigen (Bot bzw. RPA-System) und damit eine menschenähnliche Interaktion durch Text oder Sprache zu ermöglichen. Die Interaktion kann jeweils über verschiedene Schnittstellen wie z. B. über Messenger-Apps, Webseiten oder Sprachinterfaces erfolgen [41].

Streng genommen unterscheidet man bei virtuellen Agenten zwischen gewöhnlichen Chatbots und virtuellen Assistenten. Ein Chatbot muss im Gegensatz zu einem virtuellen Assistenten nicht zwangsläufig einen funktionalen Wert für den Nutzer aufweisen, sondern kann zum Beispiel auch nur einen Gesprächspartner in einem sozialen Kontext simulieren. Dementsprechend können die Funktionalitäten eines virtuellen Agenten stark variieren und von einfachen Aufgaben, wie das Beantworten von häufig gestellten Fragen oder das Buchen von Terminen bis zu komplexen Aufgaben wie das Bereitstellen von personalisierten Empfehlungen auf der Grundlage von Benutzerinteraktionen reichen [41, 42], (Abb. 2.3):

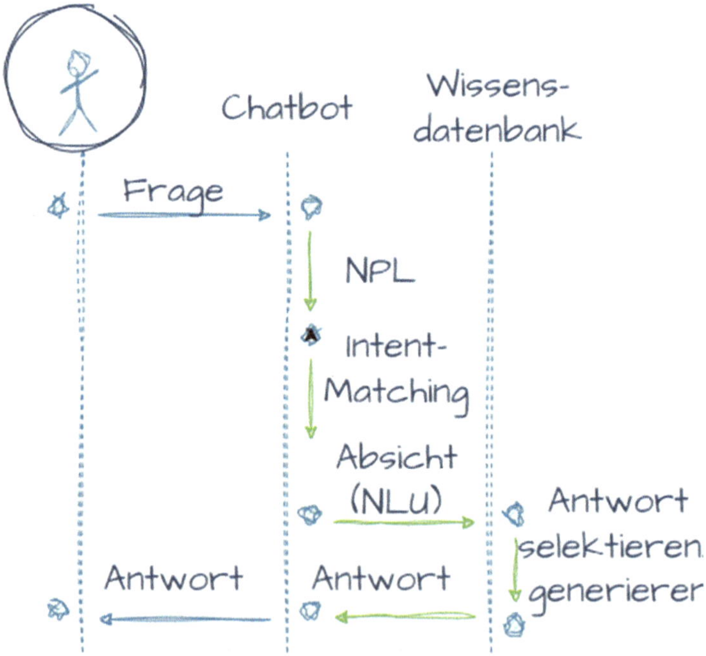

Abb. 2.3 Chatbot [41] (Quelle: Eigene Darstellung nach [41])

Prinzipiell ermöglicht ein virtueller Agent – unabhängig von Einsatzszenarien – eine parallele Bearbeitung von Nutzeranfragen in Echtzeit und ohne Wartezeiten. Daher finden sie häufig Anwendung im internen (z. B. IT-) oder externen (z. B. Kunden-) Support [12]. Es lassen sich u. a. folgende Chancen und Risiken identifizieren, (Tab. 2.2):

Condition Monitoring (CM)

Beim **Condition Monitoring (CM)** handelt sich um die Überwachung und Bewertung von Systemen und Betriebszuständen. Allgemein ist es bei der Gestaltung, Überwachung, Steuerung und Bewertung von Systemparametern in verschiedenen Systemen und Prozessen technischer Anwendungen hilfreich. Durch entsprechende Sensorik können verschiedene Daten z. B. in Bezug auf Vibration, Temperatur, Spannung oder auch Akustik gemessen werden und als Input für entsprechende Analysen herangezogen werden [21, 35, 45], (Abb. 2.4):

Häufig wird im Kontext der Instandhaltung von Maschinen neben dem Condition Monitoring die intelligente Instandhaltung (Predictive Maintenance) als zusätzliche Maßnahme bzw. als gezieltes Smart Analytics System implementiert. Im Rahmen der Überwachung und Dokumentation können die gesammelten Daten analysiert werden, um Anomalien bzw. Abweichungen von Betriebszuständen zu erkennen und negative Auswirkungen oder potenzielle Ausfälle vorherzusagen [21]. Unternehmen können so die Verfügbarkeit und Zuverlässigkeit ihrer Technologien verbessern und ungeplante Stillstände reduzieren und so Zeit und Kosten im Unternehmen einsparen [45], (Tab. 2.3):

Dokumentenanalyse

Die **Dokumentenanalyse** umfasst das automatisierte Verarbeiten verschiedener Arten von Dokumenten (Belege, Rechnungen, Lieferscheine, Materialzeugnisse, Verträge, Manuskripte etc.) mithilfe von KI-Systemen. So können Dokumente gesichert, erfasst, verarbeitet und analysiert werden, sodass ein Mensch bei der sachbearbeitenden Tätigkeit unterstützt werden kann [8].

Intelligente Dokumentenanalyse wird vor allem zur Komplexitätsreduktion und Effizienzsteigerung eingesetzt. Zum einen geht es darum, den Zeitaufwand für die manuelle Verarbeitung zu reduzieren und zum anderen die Zugänglichkeit und Verständlichkeit von

Tab. 2.2 Chancen und Risiken von Chatbots (Quelle: Eigene Darstellung)

Chancen	Risken
Anfragen können in Echtzeit und ohne Wartezeit bearbeitet werden (24/7 Verfügbarkeit)	Limitiertes Vokabular/Sprachverständnis
Konsistente Informationswiedergabe	Wartung und Weiterentwicklung
Entlastung von Mitarbeitern	Datenschutz
Kosteneinsparungen	Abhängigkeit durch Technologie und Anbieter

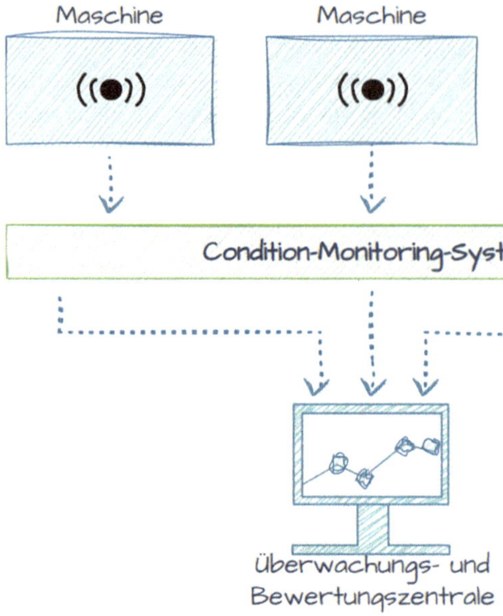

Abb. 2.4 Condition Monitoring (Quelle: Eigene Darstellung)

Tab. 2.3 Chancen und Risiken von Condition Monitoring (Quelle: Eigene Darstellung)

Chancen	Risiken
Überwachung von Zuständen	Komplexität bei Entwicklung und Implementierung (Zeit- & Ressourcen-intensiv)
Wartungsarbeiten können effizienter gestaltet werden	Hohe Anfangsinvestitionen
Automatisierte Überwachung	Identifizierung einflussnehmender Faktoren/Variablen
Mitarbeiterentlastung	Nachrüstung alter Anlagen mglw. problematisch
Verbesserte Betriebssicherheit	Abhängigkeit von Technologie
Frühzeitige Fehlererkennung	

Informationen zu verbessern [1]. Aufgrund des starken Wachstums digitaler Daten ist es oft schwierig, relevante Informationen aus der Masse an verfügbaren Dokumenten zu extrahieren. Je nachdem für welchen Anforderungsbereich die Dokumentenanalyse eingesetzt wird, kann sie auch die Entscheidungsfindung unterstützen, indem in großen Datenmengen Muster und Trends identifiziert werden. Dabei können auch verschiedene Dokumente (z. B. verbale oder schriftliche Manuskripte) zusammengeführt und übergreifend analysiert werden [8].

Tab. 2.4 Chancen und Risiken der Dokumentenanalyse (Quelle: Eigene Darstellung)

Chancen	Risiken
Effizienzsteigerung	Je nach Anwendungsfall limitierte Dokumentenbearbeitung möglich
Erweiterte Analysen und Mustererkennung in großen Datenmengen	Mglw. Digitalisierung physischer Dokumente notwendig
Geringer Fehlerquote in der Bearbeitung	Je nach Anwendungs- und Anforderungsbereich Fehlinterpretationen der Dokumente möglich
Entscheidungsunterstützung	

Eine Dokumentenanalyse kann über verschiedenen Methoden und Techniken realisiert werden. Je nach Einsatzszenario fällt der Anforderungsbereich an solche Systeme unterschiedlich aus. Im Allgemeinen kann man sagen, dass vor allem die natürliche Sprachverarbeitung in diesem Kontext als Schlüsseltechnologie anzusehen ist [19]. Diese Methodik ermöglicht es dem System, grammatische Strukturen zu analysieren und Entitäten und deren Beziehungen zueinander zu erkennen. Mit anderen Worten ermöglicht es der KI, den Inhalt und Kontext von Dokumenten zu „verstehen". Aufbauend auf dieser Grundlage können weitere Smart Analytics implementiert werden, die wiederum Chancen und Risiken mit sich bringen [8], (Tab. 2.4):

Gebäudemodellierung

Die KI-basierte **Gebäudemodellierung** (eng: Building Information Modeling (BIM)) ist ein innovativer Ansatz, um die Planung, den Bau und den Betrieb von Gebäuden zu unterstützen, zu optimieren und zu automatisieren [44]. Traditionell sind die entsprechenden Prozesse in der Baubranche oft zeitaufwendig und erfordern einen hohen Grad an Fachwissen. Darüber hinaus können menschliche Fehler und Unstimmigkeiten zu kostspieligen Mängeln und Verzögerungen führen. Weiterhin bestehen Herausforderungen in der Konstruktion nachhaltiger und energieeffizienter Gebäude [42].

Diese Aufwände können mittels KI-basierter Unterstützung reduziert und stellenweise sogar eliminiert werden, indem sie in verschiedenen Phasen (Konzept-, Design-, Konstruktionsphase) des Bauprozesses zum Einsatz kommen. Der nutzenbringende Effekt entsteht vor allem durch die Verwendung und Verknüpfung verschiedener Datenquellen (CAD-Dateien, BIM-Modelle, geografische Informationen, Umweltdaten), umso genaue Simulationen durchführen zu können [42, 44].

Letztlich kann derartige Software vielseitig eingesetzt werden und stellt abhängig vom Anwendungsfall auch eine Fusionierung verschiedener Use Cases dar [42]. So kann die KI bspw. auch nach Fertigstellung über den Gebäudezustand informieren (siehe Condition Monitoring) oder durch das Gebäude unterstützend navigieren (siehe Pfadplanung). Für den Use Case lassen sich u. a. folgende Chancen und Risiken identifizieren (Tab. 2.5):

Tab. 2.5 Chancen und Risiken der Gebäudedatenmodellierung (Quelle: Eigene Darstellung)

Chancen	Risiken
Verbesserte Energieeffizienz	Datenschutz
Effizienzsteigerung im Konstruktionsprozess	Abhängigkeit durch Technologie
Kostenreduktion	Arbeitsmarktveränderung
	Zuverlässigkeit

Maschinelle Übersetzungssysteme

Maschinelle Übersetzungssysteme stellen einen Teilbereich der Dokumentenanalyse dar. Der Unterschied besteht darin, dass sie nicht darauf ausgelegt sind, prozessbezogene Informationen oder Erkenntnisse zu extrahieren und ggf. Aufgaben auszuführen. Die Aufgabenanforderung liegt ausschließlich in der Übersetzung von Texten in andere Sprachen [38].

Die Herausforderungen im maschinellen Übersetzen liegen in der Fähigkeit, Sprache zu verstehen und zu reproduzieren, die voller Nuancen, Idiome, Redewendungen und Kontextabhängigkeiten ist [9]. Sprache ist sehr komplex und geht über das einfache „Wörterbuch-Übersetzen" hinaus. Die Komplexität im Verständnis liegt zum einen an der sehr schnellen Wandlung von Umgangssprache, weshalb die Bedeutung einzelner Wörter oder Phrasen möglicherweise nicht bekannt ist. Zum anderen müssen in der Zielsprache oft kreative Lösungen für eine passende Entsprechung der Ausgangssprache gefunden werden, um die vielschichtige Bedeutung und die transportierten Informationen abzubilden. Der Fokus liegt daher darauf, die semantische Bedeutung des Originaltextes beizubehalten und diese in einer anderen Sprache korrekt darzustellen [9, 20, 38].

Häufig ist das maschinelle Übersetzen daher ein Bestandteil oder die Voraussetzung für ein Dokumentenanalysesystem. Sie werden u. a. aber auch für technische Dokumentationen (wie z. B. Bedienungsanleitungen), Kunden-Support und Echtzeit-Übersetzung in Konferenztools benötigt. Eines der aber wohl bekanntesten und öffentlich zugänglichen Übersetzungssysteme ist „DeepL" [17, 38]. Folgende Chancen und Risiken ergeben sich im Rahmen des Anwendungsfalls (Tab. 2.6):

Tab. 2.6 Chancen und Risiken von maschinellen Übersetzungssystemen (Quelle: Eigene Darstellung)

Chancen	Risiken
Erhöhte Effizienz und Zugänglichkeit	Übersetzungen können fehlerhaft sein
Ggf. Lerneffekte	Verlust persönlicher Kommunikation
Interkulturelle Kommunikation	Übermäßige Abhängigkeit

Tab. 2.7 Chancen und Risiken der Pfadplanung (Quelle: Eigene Darstellung)

Chancen	Risiken
Effizienzsteigerung	Abhängigkeit von genauen Daten
Verbesserte Sicherheit	Systemausfälle
Flexibilität und Anpassungsfähigkeit	Datenschutz und Cybersicherheit

Routenoptimierung

Das Verfahren der **Routenoptimierung** dient zur Ermittlung und Verbesserung der Effizienz und Effektivität von Transportwegen. Es wird unter Betrachtung der Fläche und möglicher Wege die kürzeste oder schnellste Route zwischen verschiedenen Anlaufpunkten berechnet. Verschiedene Faktoren wie Entfernungen, Verkehrsbedingungen, Zeit, Stopps und Ressourcenverfügbarkeit können dabei berücksichtigt werden. So kann beispielsweise die Lieferung von Paketen an mehrere Standorte erfolgen, die Planung von Bus- oder Zugrouten sowie die Navigation von autonomen Fahrzeugen [15, 27].

Die Herausforderung bei der Routenoptimierung besteht darin, die effizienteste Route unter Berücksichtigung verschiedener Faktoren zu finden. Diese Faktoren können je nach Art der Nutzung und des Zwecks variieren. Neben Anzahl der Ziele, die Entfernung zwischen den Zielen und den Verkehrsbedingungen, können auch Fahrzeugkapazitäten und Kundenanforderungen eine Rolle spielen. In der Praxis kann das Problem der Routenoptimierung sehr komplex werden, insbesondere dann, wenn viele Ziele und viele Fahrzeuge beteiligt sind. Es ist nicht unwahrscheinlich, keine effiziente Lösung zu finden, die für alle Szenarien optimal ist.

Nichtsdestotrotz werden mittels KI-basierter Routenoptimierung deutliche Effizienzsteigerungen erzielt. Daher findet sie Anwendung in einer Vielzahl von Branchen und Kontexten, wie z. B. Logistik, Schifffahrt, Luft- und Raumfahrt, öffentlicher Verkehr, Lieferdienste, Flottenmanagement [15, 27]. Auch bei diesem Use Case lassen sich Chancen und Risiken identifizieren (Tab. 2.7):

Predictive Maintenance

Predictive Maintenance bezeichnet die vorausschauende Wartung in der Instandhaltung. Es zielt darauf ab, die Notwendigkeit von Wartungsarbeiten vorherzusagen, bevor tatsächlich eine Fehlfunktion oder ein Ausfall eintritt. Es kann daher bei Maschinen jeglicher Art Anwendung finden, um Ausfällen, Schäden und hohen Kosten vorzubeugen [30].

Voraussetzung hierfür ist allerdings eine Art der Zustandsüberwachung (Condition Monitoring), welches mittels verschiedener Sensoren (Internet of Things), wie z. B. Akustik- und Vibrationssensoren sowie Video- oder Thermalkameras die Zustände einer Maschine und ihrer Komponenten bzw. zugrunde liegende Prozesse erfassen kann. Mittels eines KI-basierten Modells, welches auf historischen Daten trainiert wird, können so die erfassten Echtzeit-Sensordaten analysiert und Zustände der Maschine und ihrer Komponenten bewertet werden [2].

Tab. 2.8 Chancen und Risiken der Predictive Maintenance (Quelle: Eigene Darstellung)

Chancen	Risiken
Reduzierung von Ausfallzeiten	Hohe Anfangsinvestitionen
Kosteneinsparungen	Datenschutz und Cybersicherheit
Verlängerung der Lebensdauer von Maschinen/Anlagen	Fehlinterpretationen von Daten
Umweltvorteile	Abhängigkeit von Technologie
Verbesserte Sicherheit	

Dieser Use Case wird zunehmend in verschiedenen Bereichen eingesetzt, u. a. autonomes Fahren, Industriemaschinen, Energieerzeugung, Gebäudemanagement, Landwirtschaft [3, 29, 36, 30]. Er birgt ebenfalls unterschiedliche Chancen und Risiken (Tab. 2.8):

Robotic Process Automation (RPA)

RPA ist ein fortschrittliches Konzept der Geschäftsprozessautomatisierung, das auf künstlicher Intelligenz basiert. Es ermöglicht die Automatisierung von Aufgaben durch Softwarekomponenten, die mit Benutzeroberflächen – ähnlich wie Menschen – interagieren. RPA zielt darauf ab, Effizienz zu steigern und Kosten zu senken, indem wiederholbare Aufgaben automatisiert werden. Dies führt zu Produktivitätssteigerungen, Verbesserungen der Dienstleistungsqualität und einer Reduzierung von Fehlern [43].

RPA-Systeme werden häufig auch als Bots bezeichnet, die mit unterschiedlichen Fähigkeiten in verschiedenen Bereichen zum Einsatz kommen. Die Fülle der mittlerweile existierenden Bots ist groß und lässt sich abhängig der Funktion, Methodik sowie technischer Hintergründe und Aufgabenbereiche klassifizieren und voneinander abgrenzen [23].

Ein Beispiel für die Verwendung von RPA-Systemen ist die Logistik oder öffentliche Verwaltung, insbesondere bei der Verarbeitung von Dokumenten. Durch die Integration von RPA-Systemen können Backoffice-Operationen sowie Kunden- und Mitarbeiterinteraktionen verbessert werden [40]. Für den Use Case lassen sich u. a. folgende Chancen und Risiken identifizieren (Tab. 2.9):

Tab. 2.9 Chancen und Risiken von RPA-Systemen (Quelle: Eigene Darstellung)

Chancen	Risiken
Effizienzsteigerung	Datenschutz
Entdeckung von Mustern und Trends	Qualität und Verzerrung der Datenanalyse
Unterstützung bei Entscheidungsfindung	Hohe Anfangsinvestitionen

Virtual und Augmented Reality

Unter Virtual und Augmented Reality ist eine computerunterstützte Wahrnehmung bzw. Darstellung einer virtuellen Welt oder die Überlagerung der real-physischen Welt um virtuelle Aspekte zu verstehen [39]. Augmented-Reality kann übersetzt werden mit „erweiterte Realität" oder „angereicherte Realität" [25]. Der Unterschied zu Virtual Reality ist, dass keine neue (virtuelle) Realität erschaffen wird, sondern die vorhandene physische Umwelt mit 3D-Elementen (Projektionen) immersiv erweitert wird [39].

Mittels eines Mediums (z. B. VR-Brille, Bildschirm, etc.) kann die reale Umgebung mit virtuellen Informationen überlagert werden. Jedes neue Gerät, welches über Kamera, Mikrofon und Sensoren verfügt, kann theoretisch Augmented Reality abbilden und so in Echtzeit digitale Objekte in die reale Umgebung integrieren [22].

Die Anwendungszwecke sind vielfältig und reichen von der Information über die unmittelbare Umgebung, über eine ins Sichtfeld eingeblendete Navigation bis hin zu abgebildeten Spielen oder auch Werbung. Ein klassisches Anwendungsbeispiel findet sich bei Möbelhäusern, welche die Möglichkeit bieten, an einem Tablet die neue Couch virtuell bereits vorab in das eigene Wohnzimmer zu integrieren, um so die Produktauswahl zu unterstützen. Ebenfalls lässt sich diese Technologie aber auch im produzierenden Sektor für die Überwachung und Wartung von Maschinen realisieren. So können beispielsweise bei Wartungsarbeiten die physischen Maschinen um digitale Maschinenzustände erweitert werden [22]. Die Chancen und Risiken variieren hier in Abhängigkeit des Anwendungsfalls (Tab. 2.10):

Wissensbasierte Expertensysteme

Wissensbasierte Expertensysteme sind Computerprogramme, die Wissen über einen definierten Aufgabenbereich ansammeln und speichern. Aus dem generierten Wissen kann das System Schlussfolgerungen ziehen, um zu konkreten Problemstellungen Lösungen anzubieten. Solche Systeme können unterschiedlichen Nutzen mit sich bringen und können, je nach Anwendungsfall, unterschieden werden in u. a. Beratungssysteme, Konfigurationssysteme, Planungssysteme und Diagnosesysteme [19, 32].

Durch Expertensysteme kann u. a. Wissen dokumentiert werden, das andernfalls beim Ausscheiden von Mitarbeitenden verloren ginge. Zusätzlich können diese Systeme

Tab. 2.10 Chancen und Risiken der Virtual & Augmented Reality (Quelle: Eigene Darstellung)

Chancen	Risiken
Umfassende Gestaltung von Nutzer und Lernerfahrung möglich	Plötzlicher Abbruch des Informationsstroms (Denail-of-Service)
Planungsunterstützung/-sicherheit durch virtuelle Gestaltung	Informationsflut kann zu Überforderung und Ablenkung führen
Simulationen zur Unterstützung im Risikomanagement zur Fehler- oder Gefahrenvermeidung	Arbeitsplatzveränderung

Tab. 2.11 Chancen und Risiken von wissensbasierten Expertensystemen (Quelle: Eigene Darstellung)

Chancen	Risiken
Konservierung von Expertenwissen im Unternehmen	Wissen ist auf eine spezialisierte Informationsbasis ohne strukturelles Wissen über die Welt beschränkt
Unterstützung und ggfls. verbesserte Entscheidungsfindung	Fehlende Flexibilität und mögliche Schwierigkeiten mit unerwarteten oder unbekannten Situationen umzugehen
Verfügbare Expertise (24/7)	Implementierung und Wartung kann teuer sein
Konsistente Wissenswiedergabe	Vertrauen in das System
Können zielführend in Ausbildung und Training sein	Verlust menschlicher Fähigkeiten

Inkonsistenzen in der Entscheidungsfindung bei komplexen Anwendungsfällen vermeiden [5].

Wissensbasierte Expertensysteme können sowohl regelbasiert als auch als maschinelle Lernmethoden implementiert werden [32]. Grundlegend besteht ein Expertensystem aus folgenden Komponenten [19]:

- **Wissensbasis** – enthält das domänenspezifische Wissen
- **Inferenzmaschine** – welche die Regeln aus der Wissensbasis anwendet, um Schlussfolgerungen zu ziehen
- **Wissenserwerbskomponente** – ermöglicht es die Wissensbasis, um neues Wissen zu erweitern
- **Erklärungskomponente** – zur Schlussfolgerung und Vollziehbarkeit der Lösung
- **Benutzerschnittstelle** – ermöglicht Interaktion mit dem System

In einigen Bereichen werden Expertensysteme häufig mit einem virtuellen Agenten als Benutzerschnittstelle implementiert. Es lassen sich u. a. folgende Chancen und Risiken identifizieren (Tab. 2.11):

2.5 Fazit und Ausblick

Die dargestellten Use Cases geben einen kleinen Einglick in die Vielfalt von Ansätzen und Methoden im Kontext der künstlichen Intelligenz und verdeutlichen die umfassenden Möglichkeiten eines KI-Einsatzes im industriellen Kontext wider. Die Bandbreite zeigt sich von regelbasierten Systemen, die durch ihre Transparenz und Nachvollziehbarkeit überzeugen, über maschinelles Lernen, das durch selbstständiges Lernen aus Daten beeindruckt, bis hin zu neuronalen Netzen bzw. Deep Learning, welche komplexe Muster erkennen und interpretieren können. Diese Technologien haben bereits in zahlreichen Anwendungsbereichen der medizinischen Diagnostik, über die Automatisierung von Prozessen, bis hin zur Verbesserung der Benutzerinteraktionen signifikante Erfolge erzielt und Optimierungspotential bewiesen.

Jedoch gibt es auch Herausforderungen und Risiken, die mit dem Einsatz von KI an verschiedenen Punkten der Implementierung und Nutzung einhergehen. Dazu zählen u. a. Fragen des Datenschutzes, die Notwendigkeit hoher Anfangsinvestitionen, die allgemeine Komplexität der Implementierung und die ethischen Implikationen, die durch den zunehmenden Einsatz von KI aufgeworfen werden. Trotz dieser Herausforderungen bietet KI aber enorme Potenziale für Effizienzsteigerungen, Kostensenkungen und die Schaffung neuer effektiver Möglichkeiten in verschiedenen Anwendungsbereichen.

Insgesamt zeigt sich, dass verschiedene KI-Technologien großes Potenzial haben, diverse Anwendungsbereiche und die hieraus resultierenden spezifischen Use Cases zu optimieren. Es gilt, die Chancen zu nutzen und gleichzeitig die Risiken und Herausforderungen verantwortungsvoll zu managen, sodass gesellschaftliche Herausforderungen effektiv bewältigt, die wirtschaftliche Wettbewerbsfähigkeit effizient gesteigert und der Alltag der Akteure verbessert werden kann. Nur durch ein ausgewogenes Vorgehen, das sowohl die technischen Möglichkeiten als auch sozial-gesellschaftliche Aspekte berücksichtigt, kann KI ihr volles Potenzial entfalten und einen nachhaltigen positiven Einfluss auf die zukünftige Entwicklung haben.

Literatur

1. Barenkamp, M., Rebstadt, J., Thomas, O. (2020): Applications of AI in classical software engineering, AI Perspect 2, 1, https://doi.org/10.1186/s42467-020-00005-4.
2. Benjamin A., Maasland, M., Henrike, S. (2023): BMBF-Projekt: Smartes Überwachen und Steuern von Prozessen mittels Edge-Computing, Projekt EMILIE: Embedding Machine Intelligence Logic and IT Security into Edge Devices, Fraunhofer-Institut für Techno- und Wirtschaftsmathematik ITWM, https://www.itwm.fraunhofer.de/de/Anwendungsfelder/predictive-maintenance/EMILIE.html.
3. Bruhn, M., Hadwich, K. (2021): Künstliche Intelligenz im Dienstleistungsmanagement – Anwendungen, Einsatzbereiche und Herangehensweisen, in: Bruhn M., Hadwich K. (eds) Künstliche Intelligenz im Dienstleistungsmanagement, Springer Gabler, Wiesbaden, https://doi.org/10.1007/978-3-658-34324-8_1.
4. Buxmann, P., & Schmidt, H. (2019): Grundlagen der künstlichen Intelligenz und des maschinellen Lernens. In künstlicher Intelligenz (pp. 3–19). Springer Gabler, Berlin, Heidelberg.
5. BWMK (2020): Peerox GmbH – Interview mit Andre Schulte, EXIST-Forschungstransfer, https://www.exist.de/EXIST/Redaktion/DE/Erfolge/peerox-gmbh.html (2020).

6. Chaudhuri, K., Pfenning, F., Price, G. (2008): A Logical Characterization of Forward and Backward Chaining in the Inverse Method, J Autom Reasoning 40, 133–177, https://doi.org/10.1007/s10817-007-9091-0.
7. Chollet, F. (2018): Deep Learning mit Python und Keras: Das Praxis-Handbuch vom Entwickler der Keras-Bibliothek, MITP-Verlags GmbH & Co. KG, ISBN: 3958458408.
8. Cui, L., Xu, Y., Lv, T., Wei, F. (2021): Document AI: Benchmarks, Models and Applications.
9. Doherty, S. (2016): The impact of translation technologies on the process and product of translation, International Journal of Communication, 10, 969.
10. Ege, B. (2021): Einblick in die Welt der künstlichen Intelligenz, in: Ege, B., Paschke, A. (eds) Semantische Datenintelligenz im Einsatz, Springer Vieweg, Wiesbaden, https://doi.org/10.1007/978-3-658-31938-0_1.
11. Engster, F., Moore, P. (2020): The search for (artificial) intelligence, in capitalism, Capital & Class, 44, 030981682090205, https://doi.org/10.1177/0309816820902055.
12. Fiore, D., Thiel, C., Baldauf, M., Potenziale von Chatbots für den innerbetrieblichen IT-Support, HMD 57, 77–88, https://doi.org/10.1365/s40702-019-00578-7 (2020).
13. Gharbi, M., Chaurasia, G., Paris, S., Durand, F. (2016): Deep joint demosaicking and denoising, ACM Transactions on Graphics (TOG), 35, 1 – 12.
14. IBM (2023): Was ist Computer Vision?, https://www.ibm.com/de-de/topics/computer-vision.
15. ISARSOFT, AI im Verkehrsmanagement, Blog-Artikel, https://de.isarsoft.com/article/ai-in-traffic-management (2023).
16. Ji, J., Khajepour, A., Melek, W.W., Huang, Y. (2016): Path Planning and Tracking for Vehicle Collision Avoidance Based on Model Predictive Control With Multiconstraints, IEEE Transactions on Vehicular Technology, 66, 1–1, https://doi.org/10.1109/TVT.2016.2555853.
17. Jimeno-Yepes, A., Névéol, A., Neves, M., Verspoor, K., Bojar, O., Boyer, A., Grozea, C., Haddow, B., Kittner, M., Lichtblau, Y., Pecina, P., Roller, R., Rosa, R., Siu, A., Thomas, P., Trescher, S.(2017): Findings of the WMT 2017 Biomedical Translation Shared Task, 234–247, https://doi.org/10.18653/v1/W17-4719.
18. Khnissi, K., Seddik, H., Jabeur, C. (2022): Implementation of a Compact Traffic Signs Recognition System Using a New Squeezed YOLO, International Journal of Intelligent Transportation Systems Research, 20, https://doi.org/10.1007/s13177-022-00304-6.
19. Kreutzer, T. R., Sirrenberg, M. (2019): Künstliche Intelligenz verstehen: Grundlagen – Use-Cases – unternehmenseigene KI-Journey, Springer Gabler, Wiesbaden, https://doi.org/10.1007/978-3-658-25561-9.
20. Koehn, P., Knowles, R. (2017): „Six Challenges for Neural Machine Translation", NMT@ACL.
21. Kolerus, J., Becker, E. (2022): Condition Monitoring und Instandhaltungsmanagement, expert verlag GmbH.
22. Kühn-Kauffeldt, M, Böttcher, J, (2020): „Open Source Augmented Reality Applications for Small Manufacturing Businesses", https://doi.org/10.1007/978-3-030-37869-1_20.
23. Lebeuf, C., Zagalsky, A., Foucault, M., Storey, M.-A. (2019): „Defining and Classifying Software Bots: A Faceted Taxonomy", 2019 IEEE/ACM 1st International Workshop on Bots in Software Engineering (BotSE), Montreal, QC, Canada, pp. 1–6, https://doi.org/10.1109/BotSE.2019.00008.
24. LeCun, Yann, Bengio, Y.(2015): Hinton, Geoffrey, „Deep Learning", Nature, 521, pp. 436-444, https://doi.org/10.1038/nature14539.
25. Linguee (2023): https://www.linguee.de/englisch-deutsch/uebersetzung/augmented+reality.html.
26. Mahadevkar, S. V., Khemani, B., Patil, S., Kotecha, K., Vora, D., Abraham, A., Gabralla, L. A. (2022): „A review on Machine Learning Styles in Computer Vision – Techniques and

Future Directions", IEEE Access, 10, pp. 107293–107329, https://doi.org/10.1109/access.2022.3209825.

27. Makarova, I.; Shubenkova, K.; Mavrin, V.; Gabsalikhova, L.; Sadygova, G.; Bakibayev, T. (2019): „Problems, Risks and Prospects of Ecological Safety's Increase While Transition to Green Transport: Proceedings of 4th Conference on Sustainable Urban Mobility (CSUM2018)", 24 – 25 May, Skiathos Island, Greece, https://doi.org/10.1007/978-3-030-02305-8_21.
28. Maurer, M., Gerdes, J. C., Lenz, B., Winner, H. (2015): Autonomes Fahren, In Springer eBooks, https://doi.org/10.1007/978-3-662-45854-9.
29. Murugadass, Ponramasubbu, Sheela, Latha, M., Anbazhagu, U.V.(2018): „IOT connected predictive vehicle systems", International Journal of Engineering and Technology(UAE), 7, pp. 391–393.
30. Moll, C., Lerch, C. (2021): „KI-basierte Geschäftsmodelle im verarbeitenden Gewerbe – Anwendungspotenziale und Ausgestaltungsmöglichkeiten", In: Bruhn, M., Hadwich, K. (eds) Künstliche Intelligenz im Dienstleistungsmanagement, Forum Dienstleistungsmanagement, Springer Gabler, Wiesbaden, https://doi.org/10.1007/978-3-658-34324-8_4.
31. Nielsen, Rodney. (2018): Introduction to Machine Learning for Digital Library Applications. JCDL '18: Proceedings of the 18th ACM/IEEE on Joint Conference on Digital Libraries. 421–422. https://doi.org/10.1145/3197026.3201780.
32. Ompusunggu, L. D, Sensuse, D. I., Wahbi, A., Mahdalina, R. (2021): „Comparison Between Rule-Based Expert Support System and Machine Learning Expert Support System in KM", 2021 2nd International Conference on Smart Computing and Electronic Enterprise (ICSCEE), Cameron Highlands, Malaysia, pp. 114–120, https://doi.org/10.1109/ICSCEE50312.2021.9498112.
33. Park, H. -r., Jang, S. -s., Ha, Y. -g. (2020): „Real-Time Multiple Vehicle Turn Signal Detection System Based on Energy Representation", 2020 IEEE International Conference on Big Data and Smart Computing (BigComp), Busan, Korea (South), pp. 448–451, https://doi.org/10.1109/BigComp48618.2020.00-29.
34. Pokorni, B.; Braun, M.; Knecht, Ch. (2021): Menschzentrierte KI-Anwendungen in der Produktion. Praxiserfahrungen und Leitfaden zu betrieblichen Einführungsstrategien. 2021. Online verfügbar unter https://owncloud.fraunhofer.de/index.php/s/v7h8qut8s68lVdO#pdfviewer.
35. Pozo, F.; Tibaduiza Burgos, D.; Segui, Y. (202):, „Sensors for Structural Health Monitoring and Condition Monitoring", Sensors, 21, 1558, https://doi.org/10.3390/s21051558.
36. Rastogi, V.; Srivastava, S.; Mishra, M.; Thukral, R. (2020): „Predictive Maintenance for SME in Industry 4.0", pp. 382–390, https://doi.org/10.1109/GloSIC50886.2020.9267844.
37. Robinson, B. (2001): „Book Review: Artificial Knowing: Gender and the Thinking Machine", Mind. Culture, pp. 210–211, https://doi.org/10.1207/S15327884MCA0802_08.
38. Rottler, K. (2020): „Übersetzung von Umgangssprache mit DeepL", Christian-Albrechts-Universität zu Kiel, Sommersemester 2020.
39. Saju, S., Babu, A.G., Kumar, A.S.; John, T., Varghese, T. (2022): „Augmented Reality VS Virtual Reality", international journal of engineering technology and management sciences.
40. Siderska, J. (2020): „Robotic Process Automation – a driver of digital transformation?", Engineering Management in Production and Services, 12, https://doi.org/10.2478/emj-2020-0009.
41. Stucki, T., D'Onofrio, S., Portmann, E. (2018): „Chatbot – Der digitale Helfer im Unternehmen: Praxisbeispiele der Schweizerischen Post", HMD, 55, pp. 725–747, https://doi.org/10.1365/s40702-018-0424-8.
42. Weber-Lewerenz, B.C.(2022): „Use Cases – Erfahrungswerte aus der Anwenderpraxis", In: Wertakzente im Bauwesen 4.0, Springer Vieweg, Wiesbaden, https://doi.org/10.1007/978-3-658-38238-4_7.

43. Wewerka, J.; Reichert, M. (2021): „Robotic process automation – a systematic mapping study and classification framework", Enterprise Information Systems, 17, pp. 1–38, https://doi.org/10.1080/17517575.2021.1986862.
44. Zakeri, SMH, Tabatabaee, S., Ismail, S., Mahdiyar, A., Wahab, MH (2023): „Developing an MCDM Model for the Benefits, Opportunities, Costs and Risks of BIM Adoption", Sustainability, 15(5):4035, https://doi.org/10.3390/su15054035.
45. Zhao, S.; Wang, H. (2021): „Enabling Data-Driven Condition Monitoring of Power Electronic Systems With Artificial Intelligence: Concepts, Tools, and Developments", IEEE Power Electronics Magazine, 8, pp. 18–27, https://doi.org/10.1109/MPEL.2020.3047718.

3 Studie zum KI-Einsatz bei kleinen und mittelständischen produzierenden Unternehmen in Deutschland

Simone Thomas und Jörg von Garrel

Zusammenfassung

Die Nutzung von KI hat in den letzten Jahren an Bedeutung gewonnen. Während bisher insbesondere große Unternehmen KI zur Effizienz- und Produktivitätssteigerung nutzen, gelten kleine und mittlere Unternehmen (KMU) hingegen bisher als zurückhaltender. Die Studie untersucht den Einsatz von KI im deutschen produzierenden Mittelstand und zeigt, dass KI bereits in vielen Unternehmen genutzt wird, bislang jedoch ein Gap zwischen dem aktuellen und dem gewünschten Einsatz besteht. Die Studie nutzt das Business Model Canvas (BMC), um die KI-Nutzung in verschiedenen Unternehmensbereichen zu analysieren. Besonders in den Bereichen intelligente Produkte und datenbasierte Dienstleistungen sehen die Unternehmen großes Potenzial, während in Bereichen wie Produkt-Service-Kombinationen und Produktionsprozessen bereits ein hoher Einsatzgrad attestiert wird. Damit stellen insbesondere KI-Lösungen im Bereich der Wertangebote eine der zukünftigen Herausforderungen. Dabei unterscheidet sich der KI-Einsatz in KMU zwischen den Gruppen hinsichtlich des Automatisierungsgrades sowie der Unternehmensgröße.

S. Thomas (✉) · J. von Garrel
Hochschule Darmstadt, Darmstad, Deutschland

J. von Garrel
E-Mail: joerg.vongarrel@h-da.de

J. von Garrel und S. Thomas (Hrsg.), *Künstliche Intelligenz im produzierenden Mittelstand,* https://doi.org/10.1007/978-3-658-49275-5_3

3.1 Ausgangslage

Gerade dem deutschen produzierenden Mittelstand bieten sich durch Künstliche Intelligenz (KI) neue Entwicklungspotenziale [1, 20, 21] hinsichtlich der effizienten Gestaltung von Prozessen – im Sinne einer intelligenten Überwachung, Steuerung und Regelung von Prozessen – aber auch der effektiven Gestaltung von Produkten – im Sinne der Entwicklung von KI-basierten (Service)Geschäftsmodellen [7].

Insbesondere die Initiative Industrie 4.0 setzte den Fokus auf Prozessinnovationen und wies auf ein Defizit an Lösungsansätzen im Bereich der Produktinnovationen auf Basis von KI hin [8]. Im internationalen Kontext scheint aber gerade der Umstand, dass Unternehmen KI nicht nur nutzen, um sich auf die Effizienz und somit auf die Verbesserung der internen Prozesse zu konzentrieren, sondern nun auch die Effektivität, also die Erarbeitung von (Service)Geschäftsmodellen damit ebenso die Kundenvorteile und neue Produkte in den Blick zu nehmen, ein entscheidender Stellhebel für eine Wettbewerbsfähigkeit des deutschen Mittelstands zu sein [19]. Während große Unternehmen in diesem Kontext bereits KI-Systeme und -Lösungen erfolgreich entwickeln und integrieren konnten, scheinen kleinere und mittelständige Unternehmen (KMU) hier diesem noch nachzustehen [8].

Eine Analyse bisheriger Evaluationen zeigt eine Konzentration von Erhebungen rein auf die Digitalisierung in Unternehmen [4–6, 10], thematisieren Innovationen [13, 14, 16], Potenziale [17] oder auch spezifische nicht KI selbst betreffende Schwerpunkte [3, 9, 15, 17, 18, 22]. In Teilen sind die Studien nicht direkt auf Deutschland bezogen [3], umfassen teils Expertenbefragungen (als Spezialisten gelten auch Unternehmen der IT-Branche) [3, 9, 17] oder beziehen sich auf Sekundarforschung [17, 22]. Damit zeigte sich ein Defizit an Erkenntnissen über den direkten Einsatz von Künstlicher Intelligenz in KMU.

Der folgende Artikel zielt daher darauf ab, den Stand des Einsatzes von KI in produzierenden KMU in Deutschland zu erheben und einen zukünftigen Bedarf zu erfassen.

3.2 Operationalisierung

Um eine ganzheitliche und detailliertere Analyse zum KI-Einsatz – und auch Bedarf – geben zu können, kann das Konzept des Business Model Canvas [2, 12] herangezogen werden. Das Business Model Canvas (BMC) ist ein strategisches Tool, welches hilft, die Aktivitäten von Organisationen zu analysieren. Nach Osterwalder (2004) beschreibt das Business Model Canvas das unternehmerische Geschäftsmodell anhand von vier Hauptkategorien [11]:

- Mit welchen **Wertangeboten** will sich das Unternehmen am Markt etablieren?
- Wie und auf welche **Kunden**-Segmente fokussiert das Wertangebot?

- Mit welcher **Infrastruktur** können diese Ziele erreicht werden?
- Mit welcher Kostenstruktur und welchem Erlösmodell kann eine nachhaltige Sicherung des Geschäftsmodells ermöglicht werden?

Die Kategorie des **Wertangebotes** bezieht sich sowohl auf Produkte wie auch Services bzw. deren Kombination. Unter der Kategorie **Kunden** werden die Bausteine der Kundensegmente, Kundenkanäle und Kundenbeziehungen differenziert. Durch die Schlüsselressourcen, die Schlüsselaktivitäten und die Schlüsselpartnerschaften werden die einzelnen Bausteine der **Infrastruktur** abgebildet. Mittels der Dimensionen Einnahmequellen und Kostenstrukturen wird die Darstellung der **finanziellen Aspekte** ermöglicht [11]. Das BMC fördert damit eine ganzheitliche Sicht auf ein Unternehmen. Dabei hilft dieses Tool, Synergien und Abhängigkeiten zwischen verschiedenen Bereichen des Geschäftsmodells zu erkennen sowie mögliche Schwachstellen oder Mängel zu identifizieren.

Durch diese ganzheitliche Perspektive kann das Business Model Canvas (BMC) als geeigneter Rahmen dienen, um den Einsatz von KI in Organisationen systematisch zu analysieren und strategisch weiterzuentwickeln. Die Betrachtung der einzelnen Bausteine des BMC erlaubt es, die spezifischen Anwendungsmöglichkeiten und Auswirkungen von KI differenziert zu erfassen. So kann beispielsweise das Element Kanäle dahingehend untersucht werden, inwieweit KI den Kundenzugang verbessert – etwa durch den Einsatz von Conversational Agents im Kundenservice oder den Einsatz generativer KI zur automatisierten Texterstellung im Content-Marketing. Im Baustein Schlüsselaktivitäten lassen sich KI-gestützte Tools einsetzen, um Prozesse zu automatisieren oder Entscheidungen zu unterstützen. Das Wertangebot kann hinsichtlich der Integration smarter Services bewertet werden.

Zur Analyse des aktuellen Einsatzes von KI in produzierenden kleinen und mittleren Unternehmen (KMU) in Deutschland mit Fokus auf Produktinnovationen wurden zentrale Bausteine des BMC – insbesondere die Dimensionen *Wertangebot*, *Kundenbeziehungen* und *Infrastruktur* – systematisch operationalisiert (Tab. 3.1).

Die quantitative Erhebung erfolgte in Form einer Online-Befragung über einen Panel-Anbieter und richtete sich an Personen des C-Levels von KMU (Inhabende, Geschäftsführende, Personen des oberen Managements) des produzierenden Gewerbes kleiner und mittelständischer Produktionsunternehmen mit Sitz in Deutschland. Insgesamt haben 205 Personen an der Befragung teilgenommen.

Die Stichprobe setzt sich überwiegend aus kleinen und mittleren Unternehmen (KMU) zusammen, wobei der größte Anteil der befragten Unternehmen von einer Unternehmensgröße von 50 bis 250 Mitarbeitenden repräsentiert wird. Rund 88 % der Unternehmen fallen in diese Größenordnung, während lediglich etwa 9 % der befragten Unternehmen zehn bis 49 Mitarbeitenden und unter drei Prozent nur ein bis neun Mitarbeitenden beschäftigen. Damit fokussiert sich die Untersuchung vorrangig auf größere KMU und

Tab. 3.1 Operationalisierung: Einsatzgebiete von KI in den einzelnen Bausteinen eines Geschäftsmodells (Quelle: Eigene Darstellung)

	Items „Wir setzen KI ein, um …“
Künstliche Intelligenz	Wertangebote →... intelligente Produkte anzubieten. →... datenbasierte Dienstleistungen anzubieten. →... Service-Produkt-Kombinationen anzubieten
	Kunden(-beziehungen und –kanäle) →... die Information & Kommunikation mit unseren Kunden bzw. unsere Kundenkanäle zu gestalten.
	Infrastruktur: Schlüsselaktivitäten und -ressourcen →... unsere Produktionsprozesse zu gestalten. →... unsere (internen) administrativen Prozesse zu gestalten. →... intelligentes Daten- und Informationsmanagement zu ermöglichen. →... bei strategischen Managementaufgaben bzw. -entscheidungen zu unterstützen. →... bei operativen Managementaufgaben bzw. -entscheidungen zu unterstützen.
	Schlüsselpartner →... die Information & Kommunikation mit unseren Zulieferern bzw. weiteren Partnern zu gestalten. →... neue Lieferanten bzw. Partner zu erschließen.

weniger auf Kleinstunternehmen. Hinsichtlich der Produktionsart zeigt sich ein deutliches Übergewicht der Serienproduktion, die von etwa 55 % der Unternehmen angegeben wurde. An zweiter Stelle folgt die Sortenproduktion mit rund 23 %. Massenproduktion (etwa 12 %) und Einzelproduktion (etwa zehn Prozent) sind hingegen vergleichsweise selten vertreten. Dies deutet darauf hin, dass die befragten Unternehmen überwiegend standardisierte, aber dennoch in gewissem Maße variantenreiche Produktionsprozesse verfolgen, wie sie typischerweise in industriellen KMU zu finden sind. Auch der Automatisierungsgrad der Produktion spiegelt ein hohes technisches Niveau innerhalb der Stichprobe wider. Etwa 67 % der Unternehmen gaben an, bereits eine weitgehend automatisierte Produktion zu betreiben. Weitere 26 % setzen auf mechanisierte, jedoch nicht vollständig automatisierte Prozesse. Nur ein sehr kleiner Anteil von etwa sieben Prozent arbeitet noch überwiegend manuell. Diese Verteilung unterstreicht den technologischen Reifegrad der betrachteten Unternehmen, die sich mehrheitlich durch eine moderne, digitalisierte Produktionsweise auszeichnen.

Insgesamt beschreibt die Stichprobe damit eine Gruppe von industriell geprägten, technologisch fortgeschrittenen Unternehmen mit mittlerer Beschäftigtenzahl und einer starken Ausrichtung auf serielle Fertigung sowie hohem Automatisierungsgrad (Abb. 3.1).

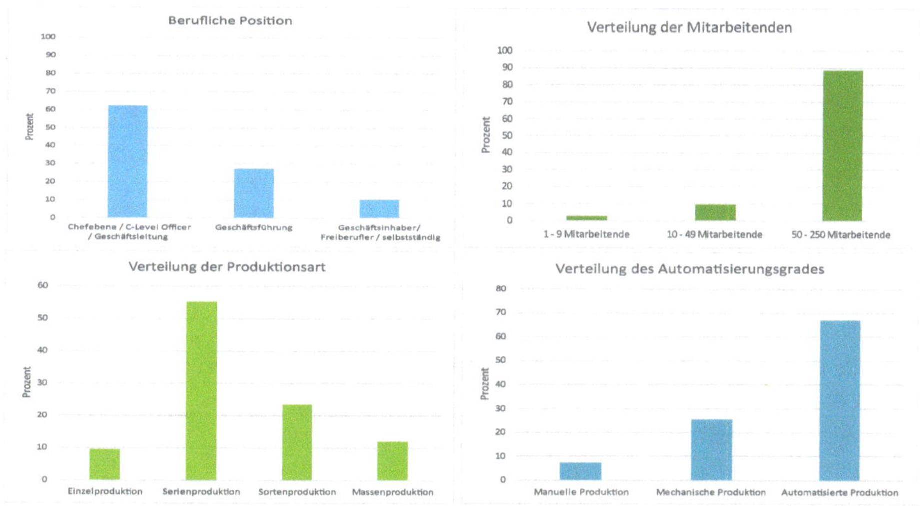

Abb. 3.1 Stichprobenbeschreibung (Quelle: Eigene Darstellung)

Die Stichprobe umfasst eine breite Palette produzierender Branchen, wobei ein klarer Schwerpunkt auf der metallverarbeitenden Industrie liegt. Den größten Anteil stellt mit 25,4 % die Gruppe der Unternehmen aus der Herstellung von Metallerzeugnissen sowie der Metallerzeugung und -bearbeitung. Es folgen Unternehmen aus der Herstellung von Gummi- und Kunststoffwaren, Glaswaren und Keramik mit einem Anteil von 12,7 %, sowie aus der chemischen Industrie mit 8,3 %. Der Maschinenbau ist mit 7,8 % vertreten, während der Fahrzeugbau einen geringeren Anteil von 4,9 % aufweist.

Einen weiteren bedeutenden Anteil machen die Unternehmen aus, die elektrische Ausrüstungen (10,7 %) oder Datenverarbeitungsgeräte, elektronische und optische Erzeugnisse (ebenfalls 10,7 %) herstellen. Die Herstellung von Holzwaren, Papier und Druckerzeugnissen ist mit 9,7 % vertreten, während die Herstellung von Möbeln und sonstigen Waren sowie die Reparatur und Instandhaltung von Maschinen 5,4 % ausmacht. Vergleichsweise gering ist der Anteil der Unternehmen aus der Lebensmittel- und Getränkeherstellung einschließlich der Tabakverarbeitung mit 2,9 %. Nur 1,5 % der Unternehmen gaben eine sonstige Branchenzugehörigkeit an. Insgesamt zeigt sich, dass die Stichprobe stark von der industriellen Fertigung mit einem Schwerpunkt auf Metall, Kunststoff, Chemie und Elektro geprägt ist. Dies unterstreicht den Fokus der Studie auf technologisch orientierte Produktionsunternehmen im industriellen Mittelstand (Tab. 3.2).

Die Auswertung ergab, dass insgesamt 73,2 % der befragten Unternehmen KI bewusst einsetzen. Dabei scheint es hinsichtlich des konkreten KI-Einsatzes keine Schwerpunkte zu geben.

Im Rahmen der Erhebung wurden verschiedene organisatorische Bereiche hinsichtlich ihres aktuellen (IST) und angestrebten (SOLL) Einsatzes digitaler bzw. KI-basierter

Tab. 3.2 Branchenverteilung (Quelle: Eigene Darstellung)

Branche	Prozent
Fahrzeugbau	4,9
Maschinenbau	7,8
Herstellung von Metallerzeugnissen, Metallerzeugung und -bearbeitung	25,4
Herstellung von chemischen Erzeugnissen	8,3
Herstellung von Gummi- und Kunststoffwaren, Glaswaren, Keramik	12,7
Herstellung von Nahrungsmitteln und Getränken, Tabakverarbeitung	2,9
Herstellung von elektrischen Ausrüstungen	10,7
Herstellung von Möbeln und sonstigen Waren, Reparatur und Instandhaltung von Maschinen	5,4
Herstellung von Datenverarbeitungsgeräten, elektronischen und optischen Erzeugnissen	10,7
Herstellung von Holzwaren, Papier und Druckerzeugnissen	9,7
Sonstige	1,5
Gesamt	100,0

Ansätze untersucht. Dabei zeigen sich in mehreren Bereichen deutliche Abweichungen – sogenannte „GAPs" – zwischen dem derzeitigen Stand und dem angestrebten Zielniveau. Den größten Entwicklungsbedarf weist der Bereich „intelligente Produkte" auf. Während aktuell 36,27 % der Unternehmen diesen Bereich adressieren, wünschen sich 47,55 % eine stärkere Umsetzung, was einem GAP von 11,28 % entspricht. Auch im Bereich datenbasierter Dienstleistungen besteht mit 6,87 % ein nennenswerter Handlungsbedarf (IST: 35,78 %, SOLL: 42,65 %). Der Einsatz von KI im Kontext eines intelligenten Daten- und Informationsmanagements (GAP: 5,89 %) sowie strategischer Managementaufgaben und -entscheidungen (GAP: 4,91 %) folgt auf den nächsten Plätzen, was auf eine zunehmende Relevanz von KI für eine datengestützte strategische Steuerung hindeutet. Die Erschließung neuer Lieferanten (GAP: 4,42 %) sowie operative Managementaufgaben und -entscheidungen (GAP: 3,93%) zeigen ebenfalls einen moderaten Ausbaubedarf des Einsatzes von KI. Ein fast gleich großer GAP von 3,92 % zeigt sich im Bereich der Information und Kommunikation mit Kunden bzw. über Kundenkanäle. Der KI-Einsatz bei internen administrativen Prozessen weist mit 3,43 % weitere relevante Potenziale auf. Nahezu ausgeschöpft scheint das Potenzial im Bereich der Information und Kommunikation mit Zulieferern und Partnern (IST: 36,76 %, SOLL: 37,75 %). Keine Abweichungen zwischen IST- und SOLL-Werten bestehen in den Bereichen des Einsatzes von KI für Produkt-Service-Kombinationen (42,16 %) sowie Produktionsprozesse (35,78 %), was auf eine weitgehende Zielerreichung in diesen Handlungsfeldern schließen lässt (Tab. 3.3).

Um genauer zu untersuchen, in welchem Ausmaß KI in unterschiedlichen Unternehmensbereichen eingesetzt wird und wie sich dieser Einsatz in Abhängigkeit von der

Tab. 3.3 KI-Bedarf – GAP-Analyse (Quelle: Eigene Darstellung)

Bereiche einer Organisation	IST (%)	SOLL (%)	GAP (%)
Intelligente Produkte	36,27	47,55	11,28
Datenbasierte Dienstleistungen	35,78	42,65	6,87
Intelligentes Daten- und Informationsmanagement	33,82	39,71	5,89
Strategische Managementaufgaben bzw. -entscheidungen	35,29	40,20	4,91
Erschließung neuer Lieferanten	35,29	39,71	4,42
Operative Managementaufgaben bzw. -entscheidungen	33,82	37,75	3,93
Information und Kommunikation mit unseren Kunden bzw. unsere Kundenkanäle	32,35	36,27	3,92
Interne administrative Prozesse	32,35	35,78	3,43
Information & Kommunikation mit unseren Zulieferern bzw. weiteren Partnern	36,76	37,75	0,99
Produkt-Service-Kombinationen	42,16	42,16	0,00
Produktionsprozesse	35,78	35,78	0,00

Unternehmensgröße unterscheidet, wurden die Unternehmen in drei Gruppen eingeteilt: Unternehmen mit 1–9 Mitarbeitenden, 10–49 Mitarbeitenden und 50–250 Mitarbeitenden. Zur Analyse der Unterschiede zwischen diesen drei Unternehmensgrößen wird für jeden Bereich eine einfaktorielle Varianzanalyse (ANOVA) durchgeführt. Die Ergebnisse zeigen, dass in allen betrachteten Bereichen signifikante Mittelwertunterschiede zwischen den Unternehmensgrößen bestehen. Der Einsatz digitaler bzw. KI-gestützter Anwendungen nimmt dabei mit zunehmender Unternehmensgröße systematisch zu. Am deutlichsten zeigt sich dieser Zusammenhang im Angebot intelligenter Produkte. Während Kleinstunternehmen hier im Mittel nur einen sehr geringen Einsatz angeben ($M = 1{,}00$), steigt dieser bei kleinen Unternehmen auf $M = 3{,}17$ und bei mittelgroßen auf $M = 4{,}14$. Die Unterschiede sind statistisch hochsignifikant ($F(2{,}202) = 30{,}61$, $p < {,}001$). Ähnlich deutliche Unterschiede zeigen sich auch bei der Bereitstellung datenbasierter Dienstleistungen ($F(2{,}202) = 25{,}51$, $p < {,}001$) sowie bei intelligenten Service-Produkt-Kombinationen ($F(2{,}202) = 27{,}63$, $p < {,}001$). In beiden Fällen liegen die Mittelwerte der Kleinstunternehmen bei $M = 1{,}00$, während größere Unternehmen Werte von über $M = 4{,}00$ erreichen. Auch in prozessbezogenen Bereichen wie der Gestaltung der Produktionsprozesse ($F(2{,}202) = 19{,}99$, $p < {,}001$) und der administrativen Prozesse ($F(2{,}202) = 27{,}27$, $p < {,}001$) werden signifikante Unterschiede festgestellt. Unternehmen mit mehr als 50 Mitarbeitenden geben hier deutlich höhere Werte an als kleinere Unternehmen. Besonders relevant für die digitale Transformation ist auch der Bereich der Information und Kommunikation mit Kunden ($F(2{,}202) = 28{,}82$, $p < {,}001$) sowie das intelligente Daten- und Informationsmanagement ($F(2{,}202) = 23{,}43$, $p < {,}001$), in denen größere Unternehmen ebenfalls signifikant aktiver sind. Die Mittelwerte steigen auch hier von rund M = 1,00 bei Kleinstunternehmen auf fast M = 4,00 bei den mittelgroßen Betrieben. Weitere signifikante Unterschiede wurden in den Bereichen Kommunikation mit Zulieferern (F(2,202) = 24,80, p < ,001), Erschließung neuer Lieferanten und Partner (F(2,202) = 15,09, p < ,001) sowie in der Unterstützung strategischer (F(2,202) = 21,76, p < ,001) und operativer Managementaufgaben (F(2,202) = 25,98, p < ,001) festgestellt. Die durchgängig signifikanten Ergebnisse mit sehr hohen F-Werten und p-Werten unter ,001 belegen deutlich, dass die Unternehmensgröße einen zentralen Einflussfaktor auf den KI-Einsatz darstellt. Kleinstunternehmen zeigen einen vergleichsweise geringen Grad, während mittlere KMU deutlich fortschrittlicher agieren (Tab. 3.4).

Neben der Unternehmensgröße kann weiterhin der Einsatz KI-gestützter Anwendungen in Abhängigkeit vom Automatisierungsgrad der Produktion analysiert werden. Dabei werden die Unternehmen nach dem vorherrschenden Produktionsmodus in drei Gruppen unterteilt: manuelle Produktion, mechanische Produktion und automatisierte Produktion.

Tab. 3.4 Einfaktorielle Varianzanalyse (ANOVA) nach Unternehmensgröße (Quelle: Eigene Darstellung)

Mittelwerte	1–9 Mitarbeitende	10–49 Mitarbeitende	50–250 Mitarbeitende	F	Sig.
Angebot intelligenter Produkte	1,00	3,17	4,14	30,613**	0,000
Angebot datenbasierter Dienstleistungen	1,00	2,88	4,00	25,510**	0,000
Angebot intelligenter Service-Produkt-Kombinationen	1,00	2,88	4,11	27,6340**	0,000
Gestaltung der Produktionsprozesse	1,40	3,24	4,07	19,988**	0,000
Gestaltung der (internen) administrativen Prozesse	1,00	2,61	3,94	27,265**	0,000
Information & Kommunikation mit unseren Kunden bzw. unsere Kundenkanäle	1,00	2,76	3,96	28,823**	0,000
Intelligentes Daten- und Informationsmanagement	1,00	3,05	3,97	23,429**	0,000
Information & Kommunikation mit Zulieferern bzw. weiteren Partnern	1,00	3,35	4,06	24,798**	0,000
Erschließung neuer Lieferanten bzw. Partner	1,60	3,00	3,95	15,085**	0,000
Unterstützung strategischer Managementaufgaben bzw. – entscheidungen	1,00	3,16	3,97	21,756**	0,000
Unterstützung operativer Managementaufgaben bzw. – entscheidungen	1,00	3,37	4,05	25,981**	0,000

Die Ergebnisse zeigen, dass sich der Einsatzgrad der Unternehmen signifikant in Abhängigkeit vom Automatisierungsgrad unterscheiden. In nahezu allen untersuchten Bereichen liegen statistisch signifikante Unterschiede vor, wobei ein höherer Automatisierungsgrad systematisch mit einem intensiveren Einsatz KI-basierter Anwendungen einhergeht.

Besonders ausgeprägt ist dieser Zusammenhang im Bereich des Angebots intelligenter Produkte, in dem Unternehmen mit manueller Produktion einen Mittelwert von $M = 3{,}14$ aufweisen, während dieser in mechanisierten Betrieben auf $M = 3{,}51$ und in automatisierten Produktionsumgebungen auf $M = 4{,}24$ ansteigt. Die Unterschiede sind hochsignifikant ($F(2, 202) = 13{,}063$, $p < {,}001$). Ein ähnliches Muster zeigt sich bei intelligenten Service-Produkt-Kombinationen ($F(2, 202) = 9{,}131$, $p < {,}001$) sowie bei der Gestaltung von Produktionsprozessen ($F(2, 202) = 14{,}995$, $p < {,}001$), was den engen Zusammenhang zwischen technologischer Infrastruktur und Produkt- sowie Prozessinnovationen unterstreicht. Auch in den Bereichen der internen administrativen Prozesse ($F(2, 202) = 6{,}113$, $p = {,}003$) und der Information und Kommunikation mit Kunden ($F(2, 202) = 7{,}674$, $p = {,}001$) lassen sich signifikante Mittelwertunterschiede feststellen, wobei Unternehmen mit automatisierter Produktion in beiden Fällen höhere Werte aufweisen. Im Bereich des intelligenten Daten- und Informationsmanagements ergibt sich ein signifikanter Unterschied mit einem F-Wert von $F(2, 202) = 5{,}450$ ($p = {,}005$), was auf eine stärkere datenbasierte Steuerung in technologisch fortgeschritteneren Betrieben hinweist. Ein signifikanter, wenn auch etwas schwächerer Zusammenhang zeigt sich im Bereich der datenbasierten Dienstleistungen ($F (2, 202) = 3{,}872$, $p = {,}023$) sowie der Kommunikation mit Zulieferern ($F(2, 202) = 3{,}835$, $p = {,}023$). Auch in diesen Bereichen steigt die Intensität der Nutzung digitaler Lösungen mit zunehmender Automatisierung. Besonders deutlich ist der Effekt bei der Erschließung neuer Lieferanten und Partner ($F(2, 202) = 8{,}346$, $p < {,}001$) sowie der Unterstützung strategischer ($F(2, 202) = 10{,}239$, $p < {,}001$) und operativer Managemententscheidungen ($F(2, 202) = 8{,}964$, $p < {,}001$).

Insgesamt belegen die Ergebnisse einen konsistenten und signifikanten Zusammenhang zwischen dem Automatisierungsgrad der Produktion und dem KI-Einsatzgrad der Unternehmen. Unternehmen mit automatisierter Produktion setzen KI-gestützte Anwendungen signifikant häufiger und intensiver ein als Unternehmen mit manueller oder mechanischer Fertigung. Dies legt nahe, dass die Automatisierung nicht nur als technologische Entwicklung, sondern auch als strukturgebender Faktor für den KI-Einsatz in KMU zu verstehen ist. Sie geht mit einer erhöhten Datenorientierung sowie einer stärkeren Integration intelligenter Produkte und Services einher (Tab. 3.5).

3.3 Fazit

Der vorliegende Artikel liefert einen empirisch fundierten Beitrag zur Analyse des Einsatzes von Künstlicher Intelligenz (KI) in kleinen und mittelständischen produzierenden Unternehmen (KMU) in Deutschland. Ausgehend von der Relevanz des Themas für die

Tab. 3.5 Einfaktorielle Varianzanalyse (ANOVA) nach Automatisierungsgrad (Quelle: Eigene Darstellung)

Mittelwerte	Manuelle Produktion	Mechanische Produktion	Automatisierte Produktion	F	Sig.
Angebot intelligenter Produkte	3,14	3,51	4,24	13,063**	0,000
Angebot datenbasierter Dienstleistungen	3,14	3,62	3,97	3,872*	0,023
Angebot intelligenter Service-Produkt-Kombinationen	3,21	3,45	4,17	9,131**	0,000
Gestaltung der Produktionsprozesse	2,93	3,47	4,20	14,995**	0,000
Gestaltung der (internen) administrativen Prozesse	3,00	3,43	3,94	6,113**	0,003
Information & Kommunikation mit unseren Kunden bzw. unsere Kundenkanäle	3,13	3,39	3,99	7,6744**	0,001
Intelligentes Daten- und Informationsmanagement	3,47	3,39	3,99	5,450**	0,005
Information & Kommunikation mit Zulieferern bzw. weiteren Partnern	3,46	3,65	4,08	3,835*	0,023
Erschließung neuer Lieferanten bzw. Partner	3,13	3,40	4,06	8,346**	0,000
Unterstützung strategischer Managementaufgaben bzw. – entscheidungen	3,07	3,37	4,08	10,239**	0,000
Unterstützung operativer Managementaufgaben bzw. – entscheidungen	3,33	3,49	4,13	8,964**	0,000

Wettbewerbsfähigkeit des Mittelstands erfolgt eine strukturierte Bestandsaufnahme, die mittels des Business Model Canvas (BMC) eine differenzierte Betrachtung verschiedener Unternehmensbereiche ermöglicht. Die Ergebnisse zeigen, dass der KI-Einsatz in KMU bereits in zentralen Bereichen angekommen ist, insbesondere bei der Gestaltung von Produktionsprozessen und der Integration von Service-Produkt-Kombinationen. Dennoch besteht ein nicht unerheblicher GAP zwischen dem gegenwärtigen Einsatz und dem zukünftigen Bedarf an KI-Anwendungen, vor allem im Bereich der intelligenten Produkte und datenbasierten Dienstleistungen. Die durchgeführten Varianzanalysen verdeutlichen darüber hinaus, dass sowohl die Unternehmensgröße als auch der Automatisierungsgrad signifikante Einflussfaktoren auf den Umfang und die Intensität der KI-Nutzung darstellen. Größere Unternehmen (50–250 Mitarbeitende) und Unternehmen mit automatisierter

Produktion nutzen KI signifikant häufiger und umfassender als kleinere bzw. manuell produzierende Betriebe. Die Unterschiede sind in allen untersuchten Anwendungsfeldern statistisch hochsignifikant (z. B. Angebot intelligenter Produkte: $F(2{,}202) = 30{,}61$; $p < {,}001$ bzw. $F(2{,}202) = 13{,}06$; $p < {,}001$). Strukturelle Voraussetzungen wie technische Ausstattung und organisatorische Ressourcen bestimmen den Reifegrad der KI-Integration somit wesentlich mit. Darüber hinaus wird deutlich, dass der KI-Einsatz in KMU nicht nur unter Effizienzgesichtspunkten (z. B. Prozessoptimierung, Informationsmanagement), sondern zunehmend auch unter Effektivitätsgesichtspunkten (z. B. neue Wertangebote, datenbasierte Geschäftsmodelle) erfolgt. Insbesondere in den Wertversprechen der Unternehmen zeigt sich ein zentrales Entwicklungsfeld, das die strategische Bedeutung von KI im Sinne von Innovations- und Wettbewerbsfähigkeit unterstreicht. Insgesamt belegt die Studie, dass KI im Mittelstand bereits Einzug gehalten hat, ihre Potenziale jedoch vielfach noch nicht ausgeschöpft sind. Die Differenz zwischen IST- und SOLL-Zustand bietet konkrete Anknüpfungspunkte für gezielte Entwicklungsmaßnahmen. Der KI-Einsatz sollte dabei nicht isoliert betrachtet werden, sondern im Rahmen einer ganzheitlichen Geschäftsmodellbetrachtung erfolgen, wie sie das BMC ermöglicht. Auf dieser Grundlage lassen sich strategische Ansätze entwickeln, um KI sowohl als Effizienztreiber als auch als Innovationsmotor zu nutzen. Das Tool „Business-Model Canvas - BMC“ kann die Entwicklung von KI-basierten (Service)Geschäftsmodellen ganzheitlich unterstützen, um potenzielle neue Wertangebote auf die angrenzenden und bedingenden Prozesse des BMC zu untersuchen und somit bei der Integration von KI hin zu KI-basierten (Service)Geschäftsmodellen ein wertvolles ganzheitliches Instrument stellen Kap. 5 insbesondere Abschn. 5.3.

Literatur

1. Bundesverband digitale Wirtschaft (BVDW) e.V. (2023): *KI ist ein zentraler Wettbewerbsfaktor - sieben Thesen für die digitale Wirtschaft*. www.bvdw.org/news-und-publikationen/ki-ist-ein-zentraler-wettbewerbsfaktor-sieben-thesen-fuer-die-digitale-wirtschaft/. Accessed 28 December 2023.
2. Clark, T. and Hazen, B. (2017): Business Models für Teams. So sehen Sie, wie Ihr Unternehmen wirklich funktioniert und jedes Mitglied zum Erfolg beiträgt. Campus Verlag, Frankfurt, New York.
3. Kaul, A.; Schieler, M.; Hans, Ch. (2019): Künstliche Intelligenz im europäischen Mittelstand: Status quo, Perspektiven und was jetzt zu tun ist. Universität des Saarlandes. Saarbrücken. Online verfügbar unter https://www.uni-saarland.de/fileadmin/user_upload/Akt7elles/Presse/PDF/2019/10/Universita%CC%88t_des_Saarlandes_Ku%CC%88nstliche_Intelligenz_im_europa%CC%88ischen_Mittelstand_2019-10_digital.pdf, zuletzt geprüft am 14.12.2021.
4. KFW. (2018): KfW-Digitalisierungsbericht Mittelstand 2018. Digitalisierung erfasst breite Teile des Mittelstands - Digitalisierungsausgaben bleiben niedrig. KfW Bankengruppe, Frankfurt am Main.
5. KFW. (2019): KfW-Digitalisierungsbericht Mittelstand 2019. Digitalisierungsprojekte zunehmend im Mittelstand verbreitet, Digitalisierungsausgaben jedoch seit Jahren unverändert niedrig, Frankfurt am Main.

6. KFW. (2021): KfW-Digitalisierungsbericht Mittelstand 2020. Rückgang der Digitalisierungsaktivitäten vor Corona, ambivalente Entwicklung während der Krise, Frankfurt am Main.
7. Lundborg, M., Gull, I.(2021): Künstliche Intelligenz im Mittelstand. Mittelstand-Digital. https://www.mittelstand-digital.de/MD/Redaktion/DE/Publikationen/ki-Studie-2021.pdf?__blob=publicationFile&v=1.
8. Merkel-Kiss, M., von Garrel, J. (2022): Systematische Literaturanalyse zum KI-Einsatz und KI-basierten Geschäftsmodellen in produzierenden kleinen und mittleren Unternehmen. Zeitschrift für Arbeitswissenschaft, Vorab-Onlinepublikation. https://doi.org/10.1007/s41449-022-00323-9.
9. Metternich, J., Biegel, T., Casoli, B. B., Hoffmann, F., Jourdan, N., Rosenmeyer, J., Stanula, P., and Ziegenbei, A. 2021. *Künstliche Intelligenz zur Umsetzung von Industrie 4.0 im Mittelstand*, Berlin.
10. Mittelstand-Digital Zentrum Berlin. (2021): *IWL-Studie. Wie ticken Unternehmen, die digital loslegen wollen?*, Brandenburg.
11. Osterwalder, A. (2004): The business model ontology a proposition in a design science approach. Dissertation. Universität Lausanne.
12. Osterwalder, A. and Pigneur, Y. (2011): Business Model Generation. Ein Handbuch für Visionäre, Spielveränderer und Herausforderer. Campus Verlag, Frankfurt/New York.
13. Rammer, C. (2018): Innovationen in der deutschen Wirtschaft. // Indikatorenbericht zur Innovationserhebung 2018, Mannheim.
14. Rammer, C. (2020): Innovationen in der deutschen Wirtschaft. // Indikatorenbericht zur Innovationserhebung 2020, Mannheim.
15. Rammer, C. (2021): Herausforderungen beim Einsatz von Künstlicher Intelligenz. Ergebnisse einer Befragung von jungen und mittelständischen Unternehmen in Deutschland, Berlin.
16. Rammer, C. (2021): Innovationen in der deutschen Wirtschaft. // Indikatorenbericht zur Innovationserhebung 2021, Mannheim.
17. Seifert, I.; Bürger, M.; Wangler, L; Christmann-Budan, St.; Rohde, M.; Gabriel, P.; Zinke, G. (2018): Potenziale-Kuenstlichen-Intelligenz-im-produzierenden-Gewerbe-in-Deutschland. iit - Institut für Innovation und Technik. Berlin.
18. Ulrich, P. and Frank, V. (2021): Relevance and Adoption of AI technologies in German SMEs – Results from Survey-Based Research. *Procedia Computer Science* 192, 2152–2159.
19. von Garrel, J., Jahn, C. Schröter, D. (2022): Der Einsatz Künstlicher Intelligenz in produzierenden Unternehmen: Eine Morphologie industrieller, KI-basierter Arbeitssysteme. Zeitschrift für wirtschaftlichen Fabrikbetrieb, 117(5), 338–343. https://doi.org/10.1515/zwf-2022-1051.
20. Vöpel, H. (2018). Wie künstliche Intelligenz die Ordnung der Wirtschaft revolutioniert. *Wirtschaftsdienst* 98, 11, 828–830.
21. Wintergerst, R. (2023): Künstliche Intelligenz: Zukunftstechnologie oder Hype? Hg. v. Bitkom e.V. Online verfügbar unter https://www.bitkom.org/sites/main/files/2023-09/bitkom-charts-ki-im-unternehmen.pdf, zuletzt geprüft am 29.12.2023.
22. Zimmermann, V. (2021): Künstliche Intelligenz: hohe Wachstumschancen, aber geringe Verbreitung im Mittelstand. Fokus Volkswirtschaft 318. KFW Research.

4 Analyse der Mensch-KI-Interaktion – Vertrauen, Akzeptanz und der Human-in-the-Loop-Ansatz

Jörg von Garrel

Zusammenfassung

Die erfolgreiche Implementierung von Künstlicher Intelligenz (KI) in Unternehmen hängt wesentlich von Vertrauen und Akzeptanz der Nutzenden ab. Eine zentrale Herausforderung ist die Intransparenz vieler KI-Modelle, die als „Black Boxes" gelten und durch schwer nachvollziehbare Entscheidungen Unsicherheit erzeugen. Vertrauen wird damit zum leitenden Gestaltungsprinzip. Der „Human-in-the-Loop"-Ansatz (HITL) bindet gezielt menschliche Expertise in Entwicklung und Betrieb ein und erhöht Transparenz, Nachvollziehbarkeit und Verantwortlichkeit. Auf Basis eines Modells zur akzeptanz- und vertrauensförderlichen KI-Implementierung untersucht dieser Beitrag, wie eine rollenbasierte Entwicklung, Einführung und Nutzung KI-basierter Services unter Berücksichtigung des HITL-Ansatzes gestaltet werden kann.

4.1 Einleitung

Die Implementierung und Nutzung von KI-Systemen im organisationalen Kontext stellt Unternehmen vor vielfältige Herausforderungen. Besonders der Aufbau von Vertrauen und Akzeptanz rückt dabei zunehmend in den Fokus, da viele KI-Systeme aufgrund ihrer komplexen Algorithmen als „Black Box" fungieren und ihre Entscheidungsprozesse für Nutzer oft nicht nachvollziehbar sind. Dieser Mangel an Transparenz kann Unsicherheiten hervorrufen und die erfolgreiche Integration von KI in betriebliche Prozesse erschweren.

J. von Garrel (✉)
Hochschule Darmstadt, Darmstadt, Deutschland
E-Mail: joerg.vongarrel@h-da.de

J. von Garrel und S. Thomas (Hrsg.), *Künstliche Intelligenz im produzierenden Mittelstand,* https://doi.org/10.1007/978-3-658-49275-5_4

Dadurch gewinnen bei der Implementierung und dem Betrieb von KI-Systemen im organisationalen Kontext Faktoren wie Vertrauen und Akzeptanz an zentraler Bedeutung [14, 7, 18]. So kommen auch verschiedene Untersuchungen zu dem Schluss, dass die Herstellung von digitalem Vertrauen eine der wesentlichen Herausforderungen für den Erfolg von KI darstellt (u. a. [4, 9, 10]).

Die Berücksichtigung des Human in the Loop (HITL)-Ansatzes bei der Implementierung und Nutzung von KI kann maßgeblich zur Förderung von Vertrauen und Akzeptanz beitragen, da menschliche Expertise aktiv in die Entwicklungs- und Entscheidungsprozesse eingebunden wird. Durch die kontinuierliche Interaktion zwischen Mensch und KI können Transparenz und Nachvollziehbarkeit erhöht werden, wodurch Unsicherheiten reduziert und das Vertrauen der Nutzer gestärkt wird.

4.2 Vertrauen und Akzeptanz als zentrale Faktoren der KI-Implementierung

Vertrauen als mehrdimensionales Konstrukt umfasst sowohl die Perspektive des interorganisationalen Vertrauens [15] als eben auch des Vertrauens in das KI-System[1] [15]. Jung & von Garrel haben in diesem Kontext ein Modell zur akzeptanz- und vertrauensbildenden KI-Implementierung erarbeitet (Abb. 4.1).

Das Modell verdeutlicht, dass transparente Kommunikation und Offenheit gegenüber den Mitarbeitenden durch das Management (als zwischenmenschliche Faktoren) sowie eine Unternehmenskultur und Innovationsfähigkeit (als strukturelle Faktoren) entscheidende Aspekte einer Akzeptanzförderung und Vertrauensbildung im Kontext der Implementierung und des Einsatzes von KI sind. Dabei bildet eine transparente Kommunikation die Basis, um ein ensprechendes, innovationsförderliches Bewusstsein zu schaffen. Um eine positive Meinungsbildung gegenüber dem KI-System zu fördern, ist es zudem hilfreich, die relativen Vorteile der KI – im Sinne einer wahrgenommenen Nützlichkeit aber auch Benutzerfreundlichkeit – zu verdeutlichen. Eine Bereitstellung von Informationen über die Funktion und Veränderungen aufgrund des KI-Systems hilft den Mitarbeitenden zudem bei der Meinungsbildung. Die tatsächliche Nutzung des Systems ist entscheidend, um Unsicherheiten zu reduzieren und zu bewerten, ob die vermuteten Vorteile – oder auch Risiken – auf erwartete Weise auftreten. Dabei trägt eine positive Benutzererfahrung zur erhöhten Akzeptanz und zum Vertrauen in das KI-System bei. Die Gewährleistung eines ordnungsgemäßen Ablaufs des Prozesses ist entscheidend, da unvorhergesehene Fehler das Vertrauen beeinträchtigen können. Positive Benutzererfahrungen entstehen, wenn die Mitarbeitenden eine Steigerung der Produktivität oder eine Entlastung von Arbeitsroutinen durch das KI-System wahrnehmen. Wiederholte positive

[1] Auch wenn empirische Studien keine signifikanten Unterschiede zwischen „Vertrauen in den Anbieter" sowie „Vertrauen in das System" erkennen [3], wird aus analytischen Zwecken dieser Unterteilung weiterhin gefolgt.

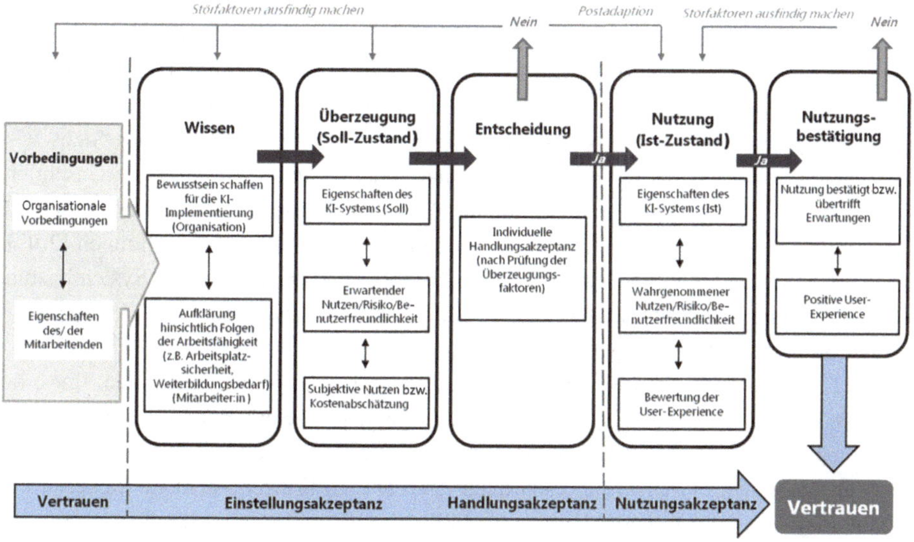

Abb. 4.1 Prozessorientiertes Forschungsmodell zur Schaffung von Akzeptanz und Vertrauen bei Mitarbeitern hinsichtlich KI (Quelle: [14])

Erfahrungen, die den Erwartungen der Mitarbeitenden entsprechen oder sie sogar positiv übertreffen, fördern Bestätigung und Vertrauen [14].

4.3 Human in the Loop

Neben solchen Modellen einer mitarbeiterfreundlichen Gestaltung von KI-basierten Systemen, die die Kooperation und somit auch Interaktion zwischen Mensch und KI (u. a. [21, 12]) fokussieren, kann insbesondere das Konzept des „Human in the Loop“ (HITL)[2] herangezogen werden, um die Rolle des Menschen im Kontext der Mensch-KI-Interaktion detaillierter zu analysieren. „Human in the Loop“ (HITL) ist ein multidisziplinärer Ansatz, der Konzepte aus der Mensch-Computer-Interaktion (HCI), der Systemtheorie, aber auch der Kybernetik und Ethik vereint. Das Konzept betont die notwendige Einbindung menschlicher Akteure in automatisierte Prozesse und kann als Paradigma in der Mensch-Maschine-Interaktion und Systemgestaltung verstanden werden [5]. Der Ansatz basiert

[2] Den Ursprung findet dieses Konzept in den Arbeiten von Wiener 1948, in dem ein erstes Verständnis der Rückkopplungsmechanismen zwischen Menschen und Maschinen dargestellt worden ist. Forschungs- und Entwicklungsarbeiten (u. a. [25]) haben die Rolle des Menschen in automatisierten Systemen konkretisiert und präsentierten Modelle, die die Bedeutung der menschlichen Überwachung und Eingriffsmöglichkeiten in automatisierte Systeme hervorheben und damit die Grundlage für das moderne Verständnis von HITL legen.

auf dem Verständnis, dass trotz fortschrittlicher Automatisierungstechnologien – wie eben KI – die menschliche Beteiligung unerlässlich bleibt, um die Effizienz, Sicherheit und Akzeptanz dieser Systeme zu gewährleisten [24, 11]. Dabei wird das HITL-Konzept in unterschiedlichen Disziplinen diskutiert, von der Organisationspsychologie über die Informatik bis zu den Ingenieurwissenschaften. Aus kognitionspsychologischer Sicht wird im Rahmen von HITL die Ergänzung der maschinellen Intelligenz durch menschliche Kognition und Entscheidungsfindung betont. Dies schließt die Fähigkeit ein, maschinelle Empfehlungen zu interpretieren, zu bewerten und gegebenenfalls zu überstimmen [20]. In den Ingenieurwissenschaften wird HITL als Ansatz zur Verbesserung der Systemleistung und zur Erhöhung der Resilienz gegenüber unerwarteten Ereignissen oder Anomalien in automatisierten Systemen angesehen [22].

Das HITL-Modell adressiert die Rolle des Menschen als einen integralen Teil eines Regelkreises, der aus Mensch und Maschine besteht. In diesem Regelkreis übernehmen Menschen Aufgaben wie Überwachung, Entscheidungsfindung und Eingreifen in Situationen, die maschinelle Grenzen überschreiten [24]. Dieses Konzept steht im Gegensatz zu vollautomatisierten Systemen („Human out of the Loop") und solchen, in denen Menschen lediglich assistierende Funktionen haben („Human on the Loop") [2].

Entsprechend dieser HITL-Philosophie wird die Relevanz von KI-Experten und Expertinnen, Praxisakteuren (u. a. Mitarbeitende des Maschinenbaus, Komponentenliefernde und Maschinenbedienende) und Fachkräften sowie ihr Wissen und ihre Erfahrung als notwendig für die Gestaltung und kontinuierliche Verbesserung von KI anerkannt [13]. Dabei postulieren Ansätze wie „Explainable AI", „Kollaborative KI", „Verantwortungsvolle KI" oder „Hybride Intelligenz" [19] – eine kontinuierliche Kooperation und Interaktion zwischen Menschen und KI-Systemen [8, 16, 23] – nicht nur in den Bereitstellungs- und Schulungsphasen entsprechender Systeme (u. a. [6, 17, 1]).

4.4 Die Rolle des Menschen

Dabei ist der Mensch im Rahmen der Gestaltung KI-basierter Systeme auf verschiedenen Ebenen aktiv und agiert in unterschiedlichen Rollen. So werden die Systementwicklung und die Entwicklung von Algorithmen, die ein tiefes Verständnis der Informatik, der Mathematik und der spezifischen Anwendungsdomäne erfordern, von Menschen durchgeführt, um effektive und effiziente KI-Systeme zu entwerfen und zu implementieren. In diesem Kontext werden Techniken des maschinellen Lernens und künstliche neuronale Netze genutzt, um Modelle zu trainieren, Daten effizient zu verarbeiten und Entscheidungen treffen zu können. Auch die Datenaufbereitung und -analyse erfolgt durch den Menschen. Relevante Datenquellen werden identifiziert und die Daten, die für das spezifische KI-System benötigt werden, gesammelt. Datenexperten und Datenexpertinnen sind zudem für die Bereinigung der gesammelten Daten verantwortlich, um Ungenauigkeiten, Duplikate, fehlende Werte und andere Unregelmäßigkeiten zu beseitigen und eine hohe Datenqualität zu garantieren sowie mögliche Verzerrungen in den KI-Modellen zu vermeiden. Zudem entwickeln Datenexperten und Datenexpertinnen diverse Features (Merkmale), um die Vorhersagekraft der KI-Modelle zu maximieren. Im Rahmen der Validierung und Verifizierung der KI-Systeme erfolgt die Überprüfung der Systemfunktionalität. In diesem Kontext werden Tests zur Überprüfung der Funktionalität und zur Identifikation von Problemen der Software durchgeführt und bewerten Menschen, ob das System die Aufgaben gelöst hat und die Ergebnisse nützlich und anwendbar für die vorgesehenen Zwecke sind. Sollten Fehler vorzufinden sein, analysieren Entwickler und Entwicklerinnen und testende Personen die Ursachen. Es werden Lösungen erarbeitet, um die Fehler zu beheben und die Systemqualität zu verbessern. Im Kontext der Entwicklung und Nutzung von KI sind zudem die Integration ethischer Prinzipien und die Einhaltung von Compliance-Richtlinien weitere wichtige Aufgaben, die durch menschliche Akteure zu gewährleisten sind. Parallel sind, um das notwendige Wissen und die Fähigkeiten für den effektiven Einsatz der KI-Systeme zu vermitteln, Weiterbildungskonzepte für die zukünftigen Nutzenden zu erarbeiten und durchzuführen. Im Rahmen des Systembetriebs und der Systemwartung sind die kontinuierliche Überwachung des Betriebs, um potenzielle Risiken und unerwünschte Verhaltensweisen zu erkennen und zu mitigieren sowie die regelmäßige Wartung, um die Sicherheit und Effizienz der KI-Systeme zu gewährleisten, weitere zentrale Aufgaben. Die Anpassung und Verbesserung der KI-basierten Systeme durch Interaktion mit Endnutzern und das Sammeln von Feedback sind weitere entscheidende Faktoren. In diesem Kontext spielen sowohl das Design für die Nutzererfahrung als auch das Nutzerfeedback eine große Rolle, um KI-basierte Systeme zu optimieren. Fachleute in der Marktforschung und strategischen Planung analysieren zudem Markttrends und Nutzerbedürfnisse, um die Entwicklung und Positionierung der KI-basierten Systeme bedarfsorientiert zu gestalten. Sie identifizieren zudem neue Geschäftsmöglichkeiten und unterstützen, die Systeme an die Anforderungen des Marktes anzupassen.

Diese Aufgaben, die in der Entwicklung und Nutzung von KI-basierten Systemen eine Rolle spielen, können– idealtypisch – in Funktionen der entwickelnden und der anwendenden Organisation unterteilt werden (Tab. 4.1).

Tab. 4.1 Aufgaben bei der Entwicklung und Nutzung von KI-basierten Systeme (Quelle: Eigene Darstellung)

Aufgaben des Unternehmens	Aufgaben des Kunden
Systementwicklung und -design: Konzeption und Implementierung der technischen Architektur der KI-Systeme, einschließlich Algorithmen und Benutzeroberflächen.	Nutzung und Interaktion: Direkte Interaktion mit dem KI-System, Nutzung der Funktionen, Anpassung der Services an die Bedürfnisse.
Datenmanagement: Organisation und Vorbereitung der Daten für das Training von KI-Modellen, einschließlich Datensammlung, -bereinigung und -aufbereitung.	Feedback und iterative Verbesserung: Beitrag zur kontinuierlichen Verbesserung der Systeme durch Benutzerfeedback.
Qualitätssicherung und Testing: Durchführung von Tests zur Validierung und Verifizierung der Funktionalität und Leistung der KI-Systeme.	Datensicherheit und Datenschutz: Umgang mit Daten und Datenschutz, Konzeption und Umsetzung geeigneter Maßnahmen zum Schutz der Daten.
Ethik und Compliance: Entwicklung von Richtlinien und Standards, um die Einhaltung ethischer Prinzipien und rechtlicher Vorgaben zu gewährleisten.	Zugänglichkeit und Inklusion: Zugänglichkeit zu KI-Systemen sowie Hinweise auf inklusive Funktionen, die verbessert werden sollten.
Schulungsmaterial und Ressourcen: Erstellung von Schulungsprogrammen, um Nutzern den Umgang mit KI-Systemen zu erleichtern.	Unterstützung und Wartung: Interaktion mit dem Support- und Wartungspersonal, um Hilfe bei technischen Problemen zu erhalten.
Marktforschung und (strategische) Planung: Analyse von Markttrends und Nutzerbedürfnisse, um die Entwicklung und Positionierung der KI-basierten Systeme bedarfsorientiert zu gestalten. Sie identifizieren zudem neue Geschäftsmöglichkeiten und unterstützen, die Systeme an die Anforderungen des Marktes anzupassen.	Integration in bestehende Workflows: Integration der KI-Systeme in die strategischen und operativen Geschäftsprozesse.

Differenziert man in diesem Kontext die Entwicklung sowie die Nutzung KI-basierter Systeme, können hier verschiedene menschliche Aufgabenbereiche differenziert werden. Neben den bereits genannten Rollen, die primär die Entwicklungs-, die Implementierungs- und die Betriebsphase abdecken, können weitere Schlüsselrollen, die für den langfristigen Erfolg und die Integration dieser Technologien in den Alltag und Geschäftsprozessen entscheidend sind, identifiziert werden (Abb. 4.2).

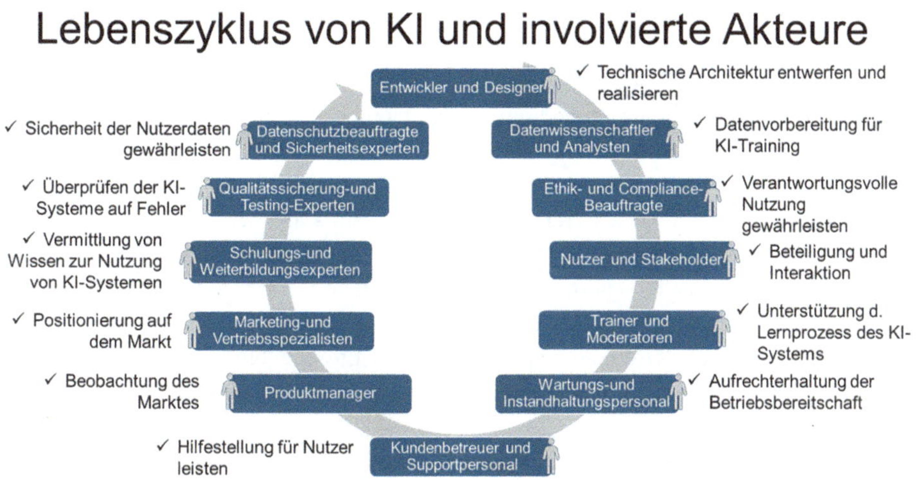

Abb. 4.2 HITL-KI-Lebenszyklus von KI (Quelle: Eigene Darstellung)

4.5 Fazit

In diesem Beitrag ist untersucht worden, wie Vertrauen und Akzeptanz als zentrale Elemente für eine erfolgreiche KI-Implementierung fungieren und wie der HITL-Ansatz dazu beitragen kann, diese Aspekte zu stärken. Es wurde aufgezeigt, dass der Mensch in verschiedenen Rollen entlang des KI-Lebenszyklus aktiv bleibt – von der Entwicklung über die Nutzung bis hin zur kontinuierlichen Verbesserung von KI-basierten Systemen. Dabei spielt die Berücksichtigung psychologischer, ethischer und organisatorischer Faktoren eine ebenso große Rolle wie technologische Weiterentwicklungen. Besonders die Rollen von Entscheidungsträgern, Entwicklern und Endnutzern im HITL-Ansatz wurden als essenziell für die Gestaltung vertrauenswürdiger und anwendungsfreundlicher KI-Systeme herausgestellt.

Die erfolgreiche Implementierung von KI in Unternehmen erfordert mehr als nur technologische Exzellenz. Vertrauen, Akzeptanz und eine enge Mensch-Maschine-Interaktion sind entscheidende Faktoren für die nachhaltige Integration von KI-Systemen. Die Anwendung des „Human in the Loop"-Ansatzes unterstreicht, dass menschliche Expertise essenziell bleibt, um die Potenziale von KI optimal zu nutzen und gleichzeitig Risiken zu minimieren. Zukünftige Entwicklungen sollten nicht nur technologische Fortschritte berücksichtigen, sondern auch die organisationalen und psychologischen Rahmenbedingungen verstärkt in den Fokus nehmen. Nur so kann sichergestellt werden, dass KI-Systeme nicht nur effizient, sondern auch ethisch vertretbar und vertrauenswürdig in Unternehmensprozesse integriert werden.

Obwohl KI-Technologien zunehmend in Unternehmen implementiert werden, bestehen weiterhin Herausforderungen und Forschungsbedarfe in mehreren Bereichen:

1. So sollte die Entwicklung von Explainable AI-Ansätzen (XAI) weiter vorangetrieben werden, um das Vertrauen der Nutzer in automatisierte Entscheidungen zu erhöhen und Unsicherheiten abzubauen.
2. In diesem Kontext sind weitere empirische Studien notwendig, um besser zu verstehen, welche Faktoren langfristig zur Akzeptanz von KI in Organisationen beitragen und wie Widerstände überwunden werden können.
3. Eine Weiterentwicklung des HITL-Ansatzes, in dem auch flexiblere Interaktionsmodelle ermöglicht werden und der Mensch nicht nur als Kontrollinstanz, sondern als adaptiver Partner der KI agiert, wird der dynamischen Kooperation und Kollaboration zwischen Mensch und KI besser gerecht.
4. Da der Einsatz von KI zunehmend in kritischen Entscheidungsprozessen stattfindet, sind klare Richtlinien für Transparenz, Datenschutz und Verantwortlichkeit erforderlich.
5. Die Verbindung von KI und menschlicher Expertise in Sinne einer hybriden Intelligenz sollte weiter erforscht werden, um Synergien zu ermöglichen.

Im Endeffekt sollte es das Ziel sein, durch interdisziplinäre und anwendungsorientierte Forschungs- und Entwicklungsarbeiten KI-basierte Systeme gezielter auf die Bedürfnisse der Menschen auszurichten und nachhaltig in Organisationen zu integrieren.

Literatur

1. Amershi, S.; Cakmak, M.; Knox, W. B.; Kulesza, T. (2014): Power to the People: The Role of Humans in Interactive Machine Learning. In: *AI Magazine* 35 (4), S. 105–120. https://doi.org/10.1609/AIMAG.V35I4.2513.
2. Anderson, M.; Fort, K. (2022): Human Where? A New Scale Defining Human Involvement in Technology Communities from an Ethical Standpoint. In: *IRIE* 31 (1). https://doi.org/10.29173/irie477.
3. Backhaus, N. (2017): Nutzervertrauen und –erleben im Kontext technischer Systeme. Unter Mitarbeit von Technische Universität Berlin und Manfred Thüring.
4. Barton, R.; Bender, M.; Marque, F. (2017): Re-imagining Trust in the Digital Age | Accenture. Hg. v. accentur strategy. o.A.
5. Bendel, O. (Hg.) (2019): Handbuch Maschinenethik. Mit 4 Tabellen. Springer Fachmedien Wiesbaden. Wiesbaden, Heidelberg: Springer VS (Springer Reference).
6. Cai, C. J.; Reif, E.; Hegde, N.; Hipp, J.; Kim, B.; Smilkov, D. et al. (2019): Human-Centered Tools for Coping with Imperfect Algorithms During Medical Decision-Making. In: Stephen Brewster, Geraldine Fitzpatrick, Anna Cox und Vassilis Kostakos (Hg.): Proceedings of the 2019 CHI Conference on Human Factors in Computing Systems. CHI '19: CHI Conference on Human Factors in Computing Systems. Glasgow Scotland Uk, 04 05 2019 09 05 2019. New York, NY, USA: ACM, S. 1–14.
7. Chowdhury, S.; Budhwar, P.; Dey, P. K.; Joel-Edgar, S.; Abadie, A. (2022): AI-employee collaboration and business performance: Integrating knowledge-based view, socio-technical systems

and organisational socialisation framework. In: *Journal of Business Research* 144, S. 31–49. https://doi.org/10.1016/j.jbusres.2022.01.069.

8. Dellermann, D.; Calma, A.; Lipusch, N.; Weber, Th.; Weigel, S.; Ebel, Ph. (2019): The Future of Human-AI Collaboration: A Taxonomy of Design Knowledge for Hybrid Intelligence Systems. Honolulu, HI. Online verfügbar unter https://scholarspace.manoa.hawaii.edu/items/402dbfb4-b774-4ce8-8274-7bac5f21e318, zuletzt geprüft am 06.03.2025.
9. Deloitte (2024): Europeans are optimistic about generative AI but there is more to do to close the trust gap. o.A. Online verfügbar unter https://www2.deloitte.com/us/en/insights/topics/digital-transformation/trust-in-generative-ai-in-europe.html?id=us:2em:3na:4diEMEA187256:5awa:6di:MMDDYY&pkid=1012324, zuletzt geprüft am 05.03.2025.
10. Glikson, E.; Woolley, A. W. (2020): Human Trust in Artificial Intelligence: Review of Empirical Research. In: *ANNALS* 2020 (14 Vol. 2), S. 627–660.
11. Grunwald, A. (2010): Technikfolgenabschätzung – eine Einführung. Zweite, grundlegend überarbeitete und wesentlich erweiterte Auflage. 1. Auflage. Baden-Baden: Nomos Verlagsgesellschaft mbH & Co. KG (Gesellschaft – Technik – Umwelt. Neue Folge, 1). Online verfügbar unter https://www.nomos-elibrary.de/https://doi.org/10.5771/9783845271057.
12. Hellmann, M. (2023): Das Konzept des Soziotechnischen Systems – Vorschlag eines Rahmenmodells zur Analyse von Digitalisierungsprozessen.
13. Herrmann, T.; Pfeiffer, S. (2023): Keeping the organization in the loop: a socio-technical extension of human-centered artificial intelligence. In: *AI & Soc* 38 (4), S. 1523–1542. https://doi.org/10.1007/s00146-022-01391-5.
14. Jung, M.; von Garrel, J. (2021): Mitarbeiterfreundliche Implementierung von KI-Systemen im Hinblick auf Akzeptanz und Vertrauen. In: *TATuP* 30 (3), S. 37–43. https://doi.org/10.14512/tatup.30.3.37.
15. Klinke, S.; Gundert, H.; Nagler, B. (2011): Konzepte von Vertrauen und Kultur in Unternehmen. Theoretische und empirische Konstrukte. artec-paper Nr. 174. Universität Bremen. Bremen. Online verfügbar unter https://www.uni-bremen.de/fileadmin/user_upload/sites/artec/Publikationen/artec_Paper/174_paper.pdf, zuletzt geprüft am 06.03.2025.
16. Koch, J.; Oulasvirta, A. (2018): Group Cognition and Collaborative AI. In: Jianlong Zhou und Fang Chen (Hg.): Human and Machine Learning. Cham: Springer International Publishing (Human–Computer Interaction Series), S. 293–312.
17. Lindvall, M.; Molin, J.; Löwgren, J. (2018): From machine learning to machine teaching. In: *interactions* 25 (6), S. 52–57. https://doi.org/10.1145/3282860.
18. Makarius, E. E.; Mukherjee, D.; Fox, J. D.; Fox, A. K. (2020): Rising with the machines: A sociotechnical framework for bringing artificial intelligence into the organization. In: *Journal of Business Research* 120, S. 262–273. https://doi.org/10.1016/j.jbusres.2020.07.045.
19. Mosqueira-Rey, E.; Hernández-Pereira, E.; Alonso-Ríos, D.; Bobes-Bascarán, J.; Fernández-Leal, Á. (2023): Human-in-the-loop machine learning: a state of the art. In: *Artif Intell Rev* 56 (4), S. 3005–3054. https://doi.org/10.1007/s10462-022-10246-w.
20. Parasuraman, R.; Riley, V. (1997): Humans and Automation: Use, Misuse, Disuse, Abuse. In: *Human factors* 39 (2), S. 230–253. https://doi.org/10.1518/001872097778543886.
21. Ropohl, G. (2009): Allgemeine Technologie: eine Systemtheorie der Technik: KIT Scientific Publishing.
22. Rouse, W. B. (1986): A note on the nature of creativity in engineering: Implications for supporting system design. In: *Information Processing & Management* 22 (4), S. 279–285. https://doi.org/10.1016/0306-4573(86)90026-9.

23. Schiff, D.; Biddle, J.; Borenstein, J.; Laas, K. (2020): What's Next for AI Ethics, Policy, and Governance? A Global Overview. In: Annette Markham, Julia Powles, Toby Walsh und Anne L. Washington (Hg.): Proceedings of the AAAI/ACM Conference on AI, Ethics, and Society. AIES '20: AAAI/ACM Conference on AI, Ethics, and Society. New York NY USA, 07 02 2020 09 02 2020. New York, NY, USA: ACM, S. 153–158.
24. Sheridan, T. B. (2016): Human-Robot Interaction: Status and Challenges. In: *Human factors* 58 (4), S. 525–532. https://doi.org/10.1177/0018720816644364.
25. Sheridan, T. B.; Verplank, W. L. (1978): Human and Computer Control of Undersea Teleoperators. Massachusetts.

Teil II
Ausgewählte Methoden

5 Erarbeitung KI-basierter Geschäftsmodelle – Ein Leitfaden

Jörg von Garrel und Mirjam Merkel-Kiss

Zusammenfassung

Insbesondere kleinen und mittelständischen Unternehmen, welche nur über begrenzte finanzielle und personelle Ressourcen verfügen, müssen niedrigschwellig geeignete Informationen und Werkzeuge zur (Weiter-)Entwicklung des Geschäftsmodells vor dem Hintergrund des vermehrten Einsatzes von KI-basierten Systemen zur Verfügung gestellt werden. Der folgende Beitrag ist im Sinne eines Leitfadens zu verstehen, um Unternehmen gezielt und schrittweise bei der Erarbeitung solcher KI-basierten Geschäftsmodelle zu begleiten.

5.1 Einleitung

Die Arbeitswelt befindet sich momentan im Umbruch und es wird eine intensive Debatte zu den Möglichkeiten und Auswirkungen von neuen Technologien, insbesondere der künstlichen Intelligenz (KI) geführt (u. a. [4] sowie [8]). Gerade dem deutschen produzierenden Mittelstand bieten sich durch diese Technologie neue Entwicklungspotenziale hinsichtlich Prozess- und/oder Produkt- bzw. (Service)Geschäftsmodell-Innovationen [4]. Die bereits im Jahr 2011 gestartete Initiative „Industrie 4.0" konzentriert sich dabei darauf, die gesamte Wertschöpfungskette durch digitalisierte und automatisierte bzw. autonomisierte Prozessschritte effizienter zu gestalten [9], sodass der Fokus der Initiative – auch aufgrund

J. von Garrel (✉) · M. Merkel-Kiss
Hochschule Darmstadt, Darmstadt, Deutschland
E-Mail: joerg.vongarrel@h-da.de

M. Merkel-Kiss
E-Mail: mirjam.merkel-kiss@h-da.de

J. von Garrel und S. Thomas (Hrsg.), *Künstliche Intelligenz im produzierenden Mittelstand*, https://doi.org/10.1007/978-3-658-49275-5_5

des Domänenwissens über Fertigungsprozesse deutscher Industrieunternehmen – primär auf digitalen Prozessinnovationen und deren Implementierung liegt [14].

Dabei stellt sich zunehmend die Frage, wie kleine und mittlere Unternehmen auf diese neuen Herausforderungen und das hochdynamische Wettbewerbsumfeld reagieren können, denn die zunehmende Digitalisierung führt zu einem grundlegenden Wandel. Hierbei gehen technologischer Fortschritt und digitale Geschäftsmodelle Hand in Hand. Veränderungen der Geschäftsmodelle und eine Anpassung an die Veränderungen des Umfelds erscheinen somit unerlässlich, um sich vom Produzenten zum Dienstleister weiterzuentwickeln.

Ziel dieses Praxisleitfadens ist es daher, kleinen und mittleren Unternehmen Informationen bereitzustellen, mit denen die KI-induzierte Transformation vom Produzenten zum Dienstleister bewerkstelligt werden kann. Zuerst werden grundlegende Begriffe zu Geschäftsmodellinnovation sowie Künstlicher Intelligenz dargelegt, um dann den Entwicklungsprozess einer Geschäftsmodellinnovation mit ihren sechs Phasen zu beschreiben. Hierbei werden wichtige Fragen, die sich beim Prozess der Geschäftsmodellinnovation stellen sowie erprobte Methoden zur Bearbeitung der Phasen vorgestellt.

5.2 Begriffsdefinitionen und Anwendungsmöglichkeiten

Wenn man über Geschäftsmodellinnovationen spricht, muss zuerst geklärt werden, was überhaupt ein Geschäftsmodell ist. Hiermit ist die Grundlogik eines Unternehmens gemeint, die beschreibt, *„welcher Nutzen auf welche Weise für die Kunden und Partner geschaffen wird und wie dieser Nutzen in Form von Umsätzen an das Unternehmen zurückfließt.“* [18]. Ein Geschäftsmodell besteht dabei aus verschiedenen Komponenten bzw. Bausteinen, die einzeln analysiert und verändert werden können. Ein mögliches Konzept zur Darstellung eines Geschäftsmodells ist der Business Model Canvas (BMC) von Osterwalder und Pigneur (2011). Dieses Modell besteht aus neun Bausteinen, die in Abschn. 5.3 näher erläutert werden.

Die Weiterentwicklung einer Organisation von einem Produzenten hin zu einem Dienstleister, um dienstleistungsorientierte Geschäftsmodelle im Sinne von Produkt-Service-Kombinationen anzubieten, wird auch als „Servitization“ bezeichnet. Dieser Begriff wurde von Vandermerwe und Rada (1988) eingeführt und bezeichnet den Prozess, Wert durch „adding services to products“ [3] zu schöpfen.

Ardolino et al. identifizieren verschiedene Fähigkeiten zur Entwicklung integrierter Produkt-Service-Lösungen durch digitale Technologien [2]. Die nachfolgende Tabelle zeigt die nötigen digitalen Fähigkeiten für eine Dienstleistungstransformation auf (Tab. 5.1).

Mithilfe von KI können Organisationen nun vorhandene Daten zur Weiter- oder Neuentwicklung von Dienstleistungen nutzen. Was jedoch versteht man unter Künstlicher Intelligenz? Hierbei handelt es sich um ein Teilgebiet der Informatik, welches das Ziel

Tab. 5.1 Fähigkeiten zur digitalen Transformation von Organisationen (Quelle: Eigene Darstellung nach [2])

Fähigkeit	Dazugehörige Frage	Beschreibung und Beziehung zur Produkt-Service-Entwicklung
Identifikation (der Nutzenden)	Wer nutzt das Produkt zu einer bestimmten Zeit und/oder für einen bestimmten Anwendungsfall?	Identifizierung der Nutzenden jeder Nutzungsinstanz; Beispiele sind Carsharing-Dienste, Kopierer und Drucker, die Chipkarten und/oder PIN-Codes zur Benutzeranmeldung verwenden, bevor diese es nutzen können. Diese Fähigkeit ist für die Entwicklung von Pay-Per-Use Dienstleistungen und individuelle Abrechnungen relevant.
Identifikation (des Produkts)	Welches spezifische Produkt und welche Produktkonfiguration wird in Betracht gezogen?	Identifizierung des spezifischen Produkts (z. B. Seriennummer), der architektonischen und funktionalen Konfiguration (Firmware-Versionen, BoMs, Komponenten usw.). Diese Fähigkeit ist für die Entwicklung von Pay-Per-Use Dienstleistungen und traditionelle produktbegleitende Dienstleistungen relevant.
Geolokalisierung	Wo befindet sich das Produkt (zu einem bestimmten Zeitpunkt/Anwendungsfall)?	Kontinuierliche Produktlokalisierung in einer Karte: Diese Fähigkeit kann das Flottenmanagement, z. B. von Autos oder Gabelstaplern unterstützen und ist für ortsgebundene Dienstleistungen und das Flottenmanagement relevant.
Zeitstempel	Zu welchem Zeitpunkt wurde ein bestimmtes Ereignis ausgelöst?	Zuordnung eines (zertifizierten) Zeitpunkts in Verbindung mit einem bekannten Ereignis, wie Produktzugriff, Aktivierung, Stopp oder Fehler. Diese Fähigkeit ist in verfügbarkeitsbasierten Dienstleistungen, die zeitbasierte Bezahlung nutzen und Pay-Per-Use Dienstleistungen relevant.

(Fortsetzung)

Tab. 5.1 (Fortsetzung)

Fähigkeit	Dazugehörige Frage	Beschreibung und Beziehung zur Produkt-Service-Entwicklung
Bewertung der Intensität	Wie häufig wurde ein Produkt (oder ein bestimmtes Teil) benutzt?	Darstellung des Grades der Produktnutzung und/oder der produzierten Einheiten. Dies kann in Stunden, km, gedruckten Seiten, Zyklen etc. gemessen werden. Diese Fähigkeit ist für verfügbarkeitsbasierte Dienstleistungen, die konsumbasierte Bezahlung nutzen sowie Pay-Per Use Dienstleistungen relevant.
Zustandsüberwachung	Wie arbeitet das Produkt?	Fernüberwachung des Produktstatus und der Arbeitsparameter wie Temperatur, Druck, Beschleunigung, Vibrationen und Geschwindigkeit. Bei Überschreiten kritischer Grenzwerte kann Alarm ausgelöst werden. Diese Fähigkeit ist für leistungsbasierte Dienstleistungen, die bestimmte Betriebszeiten versprechen, relevant.
Nutzungsüberwachung	Warum wird das Produkt benutzt?	Zuordnung der Verwendungsinstanz zu einem(r) bestimmten Auftrag oder Aufgabe. Diese Fähigkeit ist für leistungsbasierte Dienstleistungen, welche bestimmte Dienstleistungsqualitäten und Leistungen versprechen, relevant.
Vorhersage	Was passiert danach? Wozu führt ein bestimmter Zustand oder Ereignis?	Analyse und Interpretation der neusten Daten zur Vorhersage des zukünftigen Verhaltens. Diese Fähigkeit ist für leistungsbasierte Dienstleistungen, welche bestimmte Betriebszeiten garantieren, um die Unterbrechungszeiten und Reparaturzeiten zu reduzieren, relevant.

(Fortsetzung)

Tab. 5.1 (Fortsetzung)

Fähigkeit	Dazugehörige Frage	Beschreibung und Beziehung zur Produkt-Service-Entwicklung
Adaptive (Fern-) Steuerung	Wie kann das Problem gelöst und die Benutzererfahrung verbessert werden?	Fernsteuerung für Produktkonfigurationen, um bestimmte Funktionen wieder herzustellen oder Fehlern vorzubeugen. Diese Fähigkeit ist für leistungsbasierte Dienstleistungen, die eine bestimmte Effizienz der Produktnutzung basierend auf externer Überwachung und Kontrolle versprechen, relevant.
Optimierung und Vorschriften	Wie können Dinge besser, effektiver und effizienter erledigt werden?	Analyse von Felddaten in Echtzeit, in Verbindung mit Vorhersagemodellen und Entscheidungsunterstützungssystemen, können bei der Verbesserung des Produkts und der Prozessleistung helfen. Diese Fähigkeit ist für leistungsbasierte Dienstleistungen, welche eine bestimmte Produkteffizienz basierend auf interner Überwachung und Kontrolle versprechen, relevant.
Autonomie	Wie kann das Produkt dies selbst erledigen?	Autonome Verwaltung von Funktionen und Verbindungen mit anderen Produkten und Systemen, die vom Produkt selbst durchgeführt werden. Diese Fähigkeit ist für leistungsbasierte Dienstleistungen, die einen bestimmten Autonomiegrad der Produktnutzung versprechen, relevant.

hat, *„komplexe kognitive Fähigkeiten nachzuahmen, die in der menschlichen Intelligenz begründet sind.“* [11]. Künstliche Intelligenz kann Muster in großen Datenbeständen strukturieren, mehrdeutige und widersprüchliche Informationen erkennen sowie situationsabhängige Entscheidungen auf Basis von relativen Wichtigkeiten unterstützen und aus Erfahrung lernen (Vgl. auch Kap. 2 sowie weitere Information unter bspw. [17, 21]).

Die Anwendungsmöglichkeiten im Unternehmen sind sehr vielseitig und lassen sich in folgende Kategorien entsprechend der KI-Strategie der Bundesregierung (2018) einteilen – ergänzt um aktuelle Entwicklungen im Bereich generativer KI:

- Deduktionssysteme, maschinelles Beweisen: Ableitung (Deduktion) formaler Aussagen aus logischen Ausdrücken, Systeme zum Beweis der Korrektheit von Hardware und Software. Diese Verfahren finden insbesondere in sicherheitskritischen Bereichen Anwendung, etwa bei der Validierung von Produktionssteuerungen oder der Überprüfung von Qualitäts- und Sicherheitsalgorithmen.

- Wissensbasierte Systeme: Methoden zur Modellierung und Erhebung von Wissen; Software zur Simulation menschlichen Expertenwissens und zur Unterstützung von Entscheidungsprozessen. Sie dienen etwa zur Diagnose von Maschinenzuständen, zur Planung komplexer Produktionsabläufe oder zur Unterstützung im technischen Service. Häufig sind diese Systeme eng mit psychologischen und kognitionswissenschaftlichen Ansätzen verknüpft.
- Musteranalyse und Mustererkennung: Induktive Analyseverfahren, insbesondere Verfahren des maschinellen Lernens. Sie werden eingesetzt, um große Datenmengen zu analysieren, Anomalien in Produktionsprozessen zu erkennen, Wartungsbedarfe vorherzusagen oder Qualitätsabweichungen frühzeitig zu identifizieren. Grundlage vieler moderner KI-Anwendungen in der Industrie.
- Robotik: Autonome Steuerung von Robotik-Systemen, d. h. von physischen oder virtuellen Systemen, die in dynamischen Umgebungen eigenständig Aufgaben ausführen können. Beispiele reichen von kollaborativen Robotern (Cobots) in der Montage über autonome Transportfahrzeuge in der Intralogistik bis hin zu intelligenten Prüfsystemen in der Qualitätssicherung.
- Intelligente multimodale Mensch-Maschine-Interaktion: Analyse und „Verständnis" von Sprache (in Verbindung mit Linguistik), Bildern, Gestik und anderen Formen menschlicher Interaktion. Diese Systeme ermöglichen intuitive Bedienoberflächen, sprach- oder gestenbasierte Assistenzsysteme sowie adaptive Lern- und Schulungslösungen in der Produktion.
- Generative KI: Systeme, die auf großen Sprach- oder Multimodalmodellen basieren und eigenständig neue Inhalte erzeugen können – etwa Texte, Bilder, Konstruktionszeichnungen, Code oder Prozesssimulationen. Generative KI erweitert klassische KI-Ansätze um kreative und adaptive Fähigkeiten. In produzierenden Unternehmen ergeben sich daraus vielfältige Anwendungsmöglichkeiten – beispielsweise die automatisierte Erstellung technischer Dokumentationen, die Entwicklung datenbasierter Geschäftsmodelle, die Unterstützung von Produktdesign und Innovation oder der Aufbau interner Wissens- und Assistenzsysteme.

Aus diesen Kategorien ergeben sich eine Vielzahl von konkreten Anwendungsfällen in Unternehmen (Vgl. Kap. 2 wie auch 21).

Ziele der KI-Anwendung können ebenso vielfältig sein. Zum Beispiel kann es sich um folgende Punkte handeln, die mithilfe von Künstlicher Intelligenz im Unternehmen erreicht werden sollen:

- Dienstleistungsinnovationen
- Erschließung neuer Märkte/Kunden

- Flexibilisierung
- Gesteigerte Prozesseffizienz
- Individualisierung/Personalisierung
- Kostenreduktion
- Optimierung der Prozesse
- Optimierung der Preisgestaltung
- Produktinnovationen
- Produktivitätssteigerung
- Prozessautomatisierung
- Ressourceneffizienz
- Servicesteigerung
- Stärkung der IT-Sicherheit
- Verbesserung der Qualität
- Verringerung des Aufwandes

5.3 Entwicklung von Geschäftsmodellen

Der Prozess der Entwicklung eines Geschäftsmodells verläuft in Anlehnung an von Garrel und Jahn (2022) in sechs Phasen ab. Diese umfassen die Prozessschritte der Demystifizierung, der Mobilisierung, des Verstehens, des Designen bzw. Entwickelns, der Implementierung und des Managens.

Der Prozess der Entwicklung von Geschäftsmodellen dient dazu, grundlegende Fragen an das aktuelle Geschäftsmodells des Unternehmens zu stellen:

- Wer sind meine Kunden?
- Gibt es unterschiedliche Kundentypen?
- Welche Kundenkanäle gibt es?
- Welche Kanäle werden genutzt?
- Was ist unser derzeitiges Wertversprechen?
- Wie schätzt unsere Kundschaft unser Wertversprechen ein?
- Was sind Schlüsselaktivitäten in unserem Unternehmen und wo?
- Was sind unsere Schlüsselressourcen (Personal, Finanzen, Zeit, Wissen, Daten etc.)?
- Welche Kooperationspartner gibt es bereits?
- Welche Kostenstruktur liegt derzeit vor?
- Welche Wertschöpfungsströme liegen derzeit vor?

Um diese grundlegenden Fragen systematisch zu bearbeiten, hat sich die Methode des Business Model Canvas (nach Osterwalder & Pigneur) als zielführend erwiesen.

Der Business Model Canvas ist eine praktische Methode zur Darstellung, Entwicklung und Optimierung Ihres Geschäftsmodells. Er hilft dabei, innovative Geschäftsmodelle

Abb. 5.1 Business Model Canvas (Quelle: Eigene Darstellung nach [15])

umfassend, aber dennoch übersichtlich darzustellen und zu entwickeln oder bestehende zu verändern. Es handelt sich hierbei um eine Schablone mit neun Kernelementen, mit denen Sie Ihr bestehendes Geschäftsmodell für sich und andere verständlich abbilden können. Besonders wichtig ist dabei der Zusammenhang zwischen den Kundensegmenten, Wertangeboten und Einnahmequellen. Jedem Wertangebot sollte mindestens ein Kundensegment und eine Einnahmequelle zugeordnet werden können. Des Weiteren ist der Business Model Canvas hilfreich, um die Bedeutung einzelner Elemente des Geschäftsmodells und Geschäftsmodellabhängigkeiten zu erkennen.

Sie können den Business Model Canvas (Abb. 5.1) allein oder im Team von mehreren Personen erarbeiten und sollten dafür wenige Stunden einplanen. Als Materialien werden benötigt: Vorlage, Whiteboard oder Plakat und Karten.

Diese Fragen sollten Sie sich bei den einzelnen der neun Kernelemente stellen, um den Business Model Canvas auszufüllen und damit ihr bestehendes Geschäftsmodell so gut und ausführlich wie möglich zu beschreiben:

1. Kundensegmente: Welche Zielgruppe adressiert Ihr Unternehmen? Betrachten Sie die Kundengruppen differenziert, wenn Sie für die einzelnen Gruppen unterschiedliche Wertangebote bereitstellen.
2. Wertangebote: Welche Angebote oder Leistungen können Ihre Kunden erwerben? Die Wertangebote bilden das zentrale Element der Business Model Canvas. Analysieren Sie gründlich, inwiefern das Angebot ein Bedürfnis befriedigt oder ein Problem löst und welchen Mehrwert Sie dem Kunden bieten.
3. Einnahmequellen: Woraus beziehen Sie Ihre Einnahmen? Berücksichtigen Sie den Zusammenhang zwischen Einnahmequellen, Kundensegmenten und Wertanalyse und

vermeiden Sie, diese Faktoren isoliert zu betrachten. Notieren Sie auch Wertangebote, die für bestimmte Kundengruppen kostenfrei zur Verfügung stehen.

4. Kanäle: Auf welchen Wegen treten Sie mit Ihren Kunden in Kontakt? Analysieren Sie, ob Sie persönlich Kontakt zu Ihren Kunden haben oder über Filialen und Großhändler.
5. Kundenbeziehungen: Wie sieht die Beziehung zwischen Ihnen und Ihren Kunden aus? Die Möglichkeiten reichen von einer persönlichen bis zu einer komplett automatisierten Beziehung.
6. Schlüsselressourcen: Wodurch hebt sich Ihr Unternehmen von anderen ab? Gemeint sind finanzielle, materielle oder intellektuelle Wirtschaftsgüter, die die Voraussetzung für den Erfolg Ihres Unternehmens bilden.
7. Schlüsselaktivitäten: Welche Prozesse sind für den Erfolg Ihres Unternehmens erforderlich? Notieren Sie an dieser Stelle, welche Abläufe sie perfektioniert haben müssen.
8. Schlüsselpartner: Welche Organisationen oder Unternehmen sind wichtige Kooperationspartner? Dazu können beispielsweise Lieferanten oder Entwicklungspartner zählen.
9. Kostenstruktur: Welche Kosten fallen für Ihr Unternehmen an? Berücksichtigen Sie auch Ausgaben für den Kundenkontakt, Schlüsselressourcen und -aktivitäten.

Gehen Sie beim Ausfüllen der Business Model Canvas systematisch vor und berücksichtigen Sie die angegebene Reihenfolge. Es ist nicht nötig, viel zu schreiben, kurze Sätze oder Stichpunkte sind ausreichend. Auch wenn Sie den Business Model Canvas alleine ausfüllen können, so sind verschiedene Sichtweisen und Hintergründe hilfreich, um alle Aspekte abzudecken. Hilfreich ist es ebenfalls, wenn Sie eine farbliche Kodierung verwenden, z. B. um verschiedene Geschäftsmodellstränge zu kennzeichnen. Beschränken Sie sich auf das Wesentliche, verwenden Sie möglichst wenige Karten. Sie können verschiedene Elemente verknüpfen, um Zusammenhänge darzustellen. Erstellen Sie für unterschiedliche Ideen separate Canvas.

Als Ergänzung zum Business Model Canvas bietet sich der Value Proposition Canvas (Abb. 5.2) [16], mit dem Sie systematisch das Wertversprechend Ihres Unternehmens erarbeiten und darstellen können, an. Was ist das zentrale Versprechen an Ihre Kunden, welchen Wert oder Nutzen erbringt Ihr Unternehmen für Ihre Kundensegmente? Der Value Proposition Canvas gliedert sich in zwei Bereiche. Auf der rechten Seite werden Ihre Kundensegmente sowie deren Bedürfnisse betrachtet. Auf der linken Seite wird betrachtet, wie mit den Leistungen des Unternehmens die Kundenbedürfnisse adressiert werden. Es ist sinnvoll, für jedes Kundensegment ein eigenes Value Proposition Canvas zu erstellen.

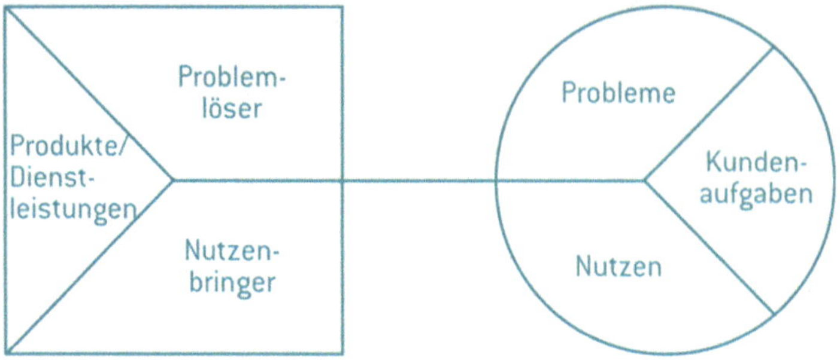

Abb. 5.2 Value Proposition Canvas (Quelle: [12] nach [16])

5.3.1 Demystifizieren

Bevor die eigentliche Geschäftsmodellentwicklung beginnt, ist es notwendig, das Thema Künstliche Intelligenz (KI) zu entmystifizieren. Diese Phase zielt darauf ab, ein gemeinsames, realistisches und handlungsorientiertes Verständnis von KI im Unternehmenskontext zu schaffen. In der Praxis zeigen sich häufig zwei Extreme: einerseits eine überzogene Erwartungshaltung gegenüber der Leistungsfähigkeit von KI („Hype"), andererseits eine technikskeptische oder ablehnende Haltung („Angst vor Kontrollverlust"). Beide Positionen behindern die zielgerichtete Entwicklung tragfähiger, wertschöpfender Geschäftsmodelle. Das Demystifizieren umfasst daher folgende Aufgaben und Ziele:

- Begriffliche Klärung: Was ist KI – und was nicht? Abgrenzung zu Automatisierung, Datenanalyse und regelbasierten Systemen.
- Technologische Einordnung: Überblick über relevante KI-Technologien (z. B. maschinelles Lernen, Sprachverarbeitung, Bildanalyse) und deren Reifegrade.
- Wertorientierte Perspektive: Verständnis, dass KI kein Selbstzweck ist, sondern ein Werkzeug zur Generierung von Nutzen, Effizienz oder neuen Services.
- Chancen und Grenzen: Reflexion über ethische, organisatorische und rechtliche Rahmenbedingungen (z. B. Bias, Datenschutz, Nachvollziehbarkeit).
- Kompetenzaufbau: Schaffung eines gemeinsamen Wissensniveaus im Team, um interdisziplinäre Zusammenarbeit zu ermöglichen.

Ziel der Phase ist ein entmystifiziertes, rationales und praxisorientiertes Verständnis von KI, das als Grundlage für alle nachfolgenden Phasen (Mobilisieren, Verstehen, Entwerfen, Implementieren) dient. Erst auf dieser Basis kann entschieden werden, ob und wo KI einen Mehrwert im Geschäftsmodell stiften kann – und welche organisationalen Voraussetzungen dafür geschaffen werden müssen.

5.3.2 Mobilisieren

In der Phase der Mobilisierung geht es darum, ein Verständnis dafür zu schaffen, dass eine Veränderung oder Erweiterung des bestehenden Geschäftsmodells nötig ist und dabei die Mitarbeitenden mit einzubeziehen, damit das Projekt von allen getragen wird und dadurch erfolgreich werden kann. Hier sollten Sie sich folgende Fragen stellen:

- Wie kann das Vertrauen und die Akzeptanz der Kundengruppe in (KI-)Services auf-/ausgebaut werden?
- Was ist der Mehrwert der jeweiligen Kanäle?
- Welche neuen Chancen und Möglichkeiten eröffnen sich durch KI?
- Wer hat bereits ähnliche KI-Systeme umgesetzt und wie?
- Welche Kommunikations- und Arbeitsformen gibt es im Unternehmen?
- Wie können sich diese durch den Einsatz von KI-Systemen ändern? Müssen sie sich ändern?
- Wie kann die Unternehmenskommunikation verbessert werden?
- Wo ist Aufklärung der Mitarbeitenden nötig und wie?

Beziehen Sie daher in dieser Phase Ihre Mitarbeitenden mit ein und lassen Sie diese an der Beantwortung der oben genannten Fragen mitarbeiten.

5.3.3 Verstehen

In der Phase Verstehen geht es darum, konkret zu verstehen, welche Bedürfnisse der Kundschaft auf welche Art und Weise befriedigt werden können. Auch hier gibt es wieder Leitfragen, die Sie zusammen mit Ihren Mitarbeitenden beantworten sollten.

- Was sind Bedürfnisse der unterschiedlichen Kundentypen?
- Wie findet die Kommunikation mit den Kunden statt?
- Werden digitale Kommunikationsformen angenommen?
- Wie kann eine innovative Form der Zusammenarbeit aussehen?
- Welche Kundenprobleme/-bedürfnisse können unsererseits durch KI-Dienste befriedigt werden?
- Wie sieht die Nutzung des(r) Produkts/Dienstleistung prototypisch aus?

Um sich den Bedürfnissen der Kundschaft gezielt zu nähern und diese zu verstehen sowie das Geschäftsmodell entsprechend dieser Bedürfnisse auszugestalten, hat sich die Methode der Persona bewährt.

Eine Persona ist ein fiktiver Charakter, der stellvertretend für eine Kundengruppe steht. Personas kommen sowohl bei der Entwicklung von Dienstleistungen und (Software-) Produkten als auch im Marketing zum Einsatz. Der Begriff wurde von Cooper geprägt, der mit Personas benutzerzentrierte und nutzerfreundliche Software entwickelte. *„Personas are not real people, but they represent them throughout the design process. They are hypothetical archetypes of actual users. Although they are imaginary, they are defined with significant rigor and precision."* (Cooper 1999 zitiert nach [19]). Dabei werden unter anderem Charaktereigenschaften, Interessen, Ziele, aber auch Bedenken der Kunden betrachtet. Basis für die Erstellung der Persona oder Personas sind Ihre Erfahrungen mit echten Kunden. Empfehlenswert ist die weitere Datensammlung entweder über bestehende Kundendaten, Benchmark-Analysen, Mitarbeitende mit Kundenkontakt oder aber Befragungen der Zielgruppe entweder in quantitativer Form (Fragebögen) oder mithilfe von Interviews.

Die Persona können Sie entweder allein oder im Team von bis zu zehn Personen entwickeln. Zur Erstellung der Persona auf Basis der vorhandenen Daten benötigen Sie entweder eine Vorlage, die es frei verfügbar im Internet gibt, oder Sie erstellen diese selbst, z. B. mit PowerPoint (Abb. 5.3).

Auf Basis der Personas werden Customer Journey Maps gestaltet. Hierbei handelt es sich um *„[…] a sequence of a customer's direct and indirect contacts with a product, service or brand, each of which constitutes a positive, negative or neutral experience"* [13]. Indem ganz spezifische Prozesse und Handlungsmomente aus Sicht der Kundengruppe durchlaufen und visualisiert werden, können *„Erwartungshaltungen, Lücken im Prozess und notwendige Technologien, Inhalte und andere Voraussetzungen für eine erfolgreiche Journey dokumentiert"* [10] werden.

Abb. 5.3 Persona (Quelle: [1])

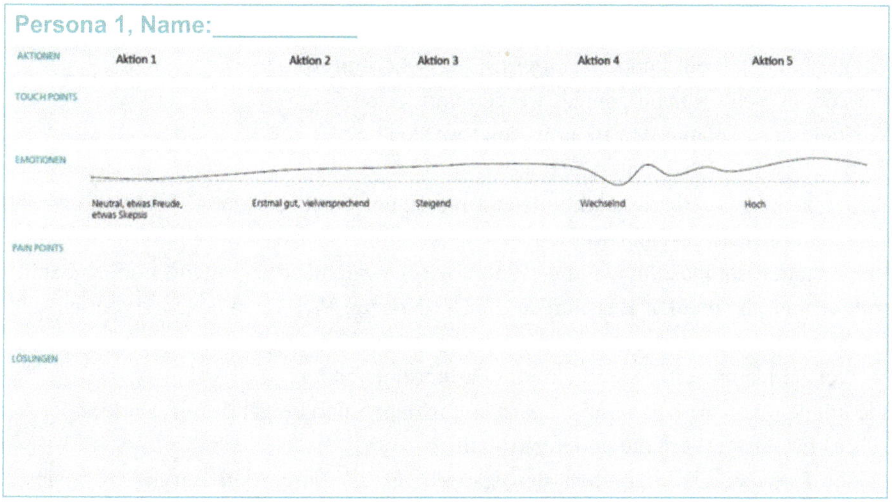

Abb. 5.4 Customer Journey Map (Quelle: Eigene Darstellung)

Die Erstellung einer Customer Journey Map hilft Ihnen, die Erfahrungen Ihrer Kunden mit Ihrem Produkt oder Ihrer Dienstleistung und den damit verbundenen Emotionen besser zu verstehen (Abb. 5.4).

In einem ersten Schritt sollten Sie die Zielgruppe Ihrer Customer Journey Map definieren und dann für jede Zielgruppe eine eigene Map entwickeln. Um diese Zielgruppen besser zu verstehen, können Sie die zuvor entwickelten Personas nutzen.

Im Anschluss definieren Sie die Touchpoints, also die möglichen Kontaktpunkte, bei denen Ihre Kundschaft mit Ihrem Produkt oder Ihrer Dienstleistung in Kontakt kommt und welche Aktionen durchgeführt werden können oder müssen. Üblicherweise werden die Phasen Orientierung, Vergleich, Kauf, Benutzung und After-Sales unterschieden. Beachten Sie auch die diversen Kommunikationsmöglichkeiten, mit denen Ihre Kundschaft mit Ihrem Unternehmen in Kontakt kommen können.

Finden Sie nun heraus, welche Emotionen mit den einzelnen Aktionen verbunden sind. Basis hierfür ist wieder die zuvor entwickelte Persona. Hier halten Sie ebenfalls fest, welche Pain Points, also welche Probleme oder Hürden bei den Aktionen möglicherweise auftreten können und bieten in einem letzten Schritt Lösungsmöglichkeiten an.

5.3.4 Designen

In der nächsten Phase, dem Designen des neuen oder veränderten Geschäftsmodells, geht es darum, folgende Fragen zu beantworten:

- Wie sehen die Wünsche der Kundensegmente bezogen auf das Produkt oder die Dienstleistung genau aus?
- Wie gestaltet sich ein kundenzentrierter Wertschöpfungsprozess?
- Wie können neue Kanäle genutzt werden und welche?
- Wie kann der geplante Ansatz umgesetzt werden?
- Wo benötige ich dabei Unterstützung?
- Wie können unsere Schlüsselaktivitäten (interne und externe Daten-, Informations- und Wissensdomänen) gestaltet werden?
- Wie gestalten/entwickeln wir die technologische Architektur, organisatorische Infrastruktur und personellen Ressourcen, um KI-basierte Wertversprechen zu entwickeln/anzubieten?
- Für welche Kompetenzen sind externe Partner notwendig?
- Wie können weitere Kooperationspartner gewonnen und eingebunden werden?
- Gibt es Erfahrungsberichte anderer Akteure?
- Welche Ertragsmodelle ergeben sich speziell für uns durch den Einsatz KI-basierter Systeme?
- Wie können KI-basierte Dienste monetarisiert werden?
- Welches Ertragsmodell soll umgesetzt werden?
- Wie soll das neue Wertschöpfungsdesign aussehen?
- Wie sieht die Zahlungsbereitschaft der Kunden für KI-basierte Wertversprechen aus?

In der Phase können die Business Model Pattern Cards von Gassmann et al. eine hilfreiche Methode sein, um Anregungen für mögliche Geschäftsmodellinnovationen zu erhalten. Jede der 55 Karten enthält eine kurze Erklärung eines Geschäftsmodells wie bspw. Add-on, Affilation oder Flatrate, Beispiele von Unternehmen, die dieses anwenden sowie Links für weitere Informationen [6].

Sie können die Pattern Cards entweder allein oder in einer Gruppe von bis zu 5 Personen bearbeiten. Hierbei können Sie eine Vorauswahl der eigentlich 55 Karten treffen und müssen nicht alle im Detail bearbeiten. Sortieren Sie bspw. sechs bis sieben Karten heraus, die für Ihr Unternehmen basierend auf Ihren Erfahrungen am vielversprechendsten erscheinen.

5.3.5 Implementieren

In der vorletzten Phase wird das zuvor geplante Geschäftsmodell im Unternehmen implementiert. In dieser Phase sind u. a. folgende Fragen relevant:

- Welche Kompetenzen werden benötigt?
- Welche Kompetenzen bezüglich KI gibt es im Unternehmen? Gibt es qualifiziertes Personal?

- Müssen Mitarbeitende weitergebildet oder eingestellt werden?
- Über welche Kompetenzen verfügen unser Kooperationspartnerschaften?
- Welche Daten werden im Unternehmen (digital) erfasst und verwaltet?
- Wie werden Unternehmensdaten aktuell bereits analysiert?
- Sind meine Daten ausreichend oder werden weitere Daten benötigt?
- Wo/wie kann ich KI-Algorithmen ausprobieren?
- Wie kann der Umgang mit neuen Technologien im Unternehmen gefördert werden?
- Welche weitere Schlüsselkooperationen benötigen wir für die Umsetzung der Lösungen?
- An wen wende ich mich um Hilfe zu bekommen?
- An wen wende ich mich, wenn ich KI-Dienste einkaufen möchte?
- Gibt es Förderungen für diesen Bereich?
- Was kostet die Entwicklung und der Betrieb von KI?
- Was gibt es noch hierbei zu beachten, z. B. unvorhergesehene Kosten durch den Einsatz von KI?

5.3.6 Managen

Als letzte Phase des Geschäftsmodellinnovationsprozesses muss das neu implementierte Geschäftsmodell gemanagt werden. Hier stellt sich nicht nur die Frage, wie die Wirksamkeit der neu eingeführten Maßnahmen gemessen sowie evaluiert, sondern auch, wie sie kontinuierlich weiter verbessert werden kann. Um die Benutzerfreundlichkeit einer Dienstleistung oder eines Produkts zu messen, gibt es diverse, teilweise frei verfügbare Fragebögen, die angewendet werden können (u. a. UEQ, SUMI, VisAWI).

Als Alternative kann es auch sinnvoll sein, weitere Interviews mit Ihren Zielpersonen zu führen, erneut auf Kundendaten und weitere Metadaten zurückzugreifen oder einen Dienstleister mit der Evaluation der Maßnahmen zu beauftragen.

5.4 Fazit

Zusammenfassend lässt sich festhalten, dass der hier präsentierte Praxisleitfaden als niedrigschwelliges Werkzeug dienen kann, um insbesondere produzierende KMU systematisch durch den Prozess der Entwicklung KI-basierter Geschäftsmodelle zu führen und somit die Integration von KI in die Unternehmensstrategie ermöglicht – von der Demystifizierung über Mobilisieren, Verstehen und Entwerfen bis hin zur Implementierung und dem kontinuierlichen Management. Auf diese Weise werden Chancen, Risiken und Voraussetzungen von KI transparent, notwendige Kompetenzen aufgebaut sowie tragfähige Wertversprechen entwickelt, getestet und in die operative Realität überführt. Der Leitfaden ermöglicht die strategische Verankerung von KI im Unternehmen, unterstützt evidenzbasierte Entscheidungen und beschleunigt die nachhaltige Integration KI-basierter Angebote und Services in die Unternehmensstrategie.

Literatur

1. ACB. Allcodesarebeautiful (o. D.), https://allcodesarebeautiful.com/personas-erstellen-vorlage/.
2. Ardolino, M., Rapaccini, M., Saccani, N., Gaiardelli, P., Crespi, G., Ruggeri, C. (2018): The role of digital technologies for the service transformation of industrial companies, International Journal of Production Research, 56(6), 2116–2132.
3. Baines, T.S., Lightfoot, H.W., Benedettini, O., Kay, J.M. (2009): The servitization of manufacturing: A review of literature and reflection on future challenges, Journal of Manufacturing Technology Management, Vol. 20 No. 5, pp. 547–567.
4. Bundesregierung (2108): Strategie Künstliche Intelligenz der Bundesregierung, Berlin.
5. Fraunhofer IFF (o. D.), https://websites.fraunhofer.de/Lab-IoT/?page_id=1049.
6. Gassmann, O.; Frankenberger, K., Csik, M. (2104): The Business Model Navigator: 55 Models that Will Revolutionise Your Business, Pearson Education Limited.
7. Gassmann, O., Frankenberger, K., Csik, M. (o. D.): BMI-Lab. What are the Business Model Pattern Cards?.
8. Hirsch-Kreinsen, H.; ten Hompel, M. (2017): Digitalisierung industrieller Arbeit: Entwicklungsperspektiven und Gestaltungsansätze. In Springer Reference Technik, Handbuch Industrie 4.0: Bd. 3: Logistik, Vogel-Heuser, B.; Bauernhansl, T.; ten Hompel, M.. Hg., Springer Vieweg, S. 357– 376.
9. Kagermann, H; Wahlster, W.; Helbig, W. (2013): Umsetzungsempfehlungen für das Zukunftsprojekt Industrie 4.0. Abschlussbericht des Arbeitskreises Industrie 4.0. Frankfurt am Main.
10. Kirchem, S., Waack, J. (2021): Personas entwickeln für Marketing, Vertrieb und Kommunikation. Grundlagen, Konzept und praktische Umsetzung. Wiesbaden, Springer Gabler.
11. Lunze, J. (2010): Künstliche Intelligenz für Ingenieure, 2. Auflage. München: Oldenbourg.
12. Mathis, K. (o. D.): https://katrin-mathis.de/blog/blogposts/value-proposition-canvas/.
13. Micheaux, A., Bosio, B. (2019): Customer Journey Mapping as a New Way to Teach Data-Driven Marketing as a Service. In: Journal of Marketing Education, Nr. 41 (2), S. 127–140.
14. Obermaier, R. (2019): Handbuch Industrie 4.0 und Digitale Transformation – Betriebswirtschaftliche, technische und rechtliche Herausforderungen, Springer Verlag.
15. Osterwalder, A., Pigneur, Y. (2011): Business Model Generation, Ein Handbuch für Visionäre, Spielveränderer und Herausforderer. Campus Verlag, Frankfurt/New York.
16. Osterwalder, A., Pigneuer, Y., Bernarda, G., Smith, A. (2015): Entwickeln Sie Produkte und Services, die Ihre Kunden wirklich wollen, mit Value Proposition Design. Campus Verlag.
17. Pokorni, B.; Braun, M.; Knecht, Ch. (2021): Menschzentrierte KI-Anwendungen in der Produktion. Praxiserfahrungen und Leitfaden zu betrieblichen Einführungsstrategien. http://publica.fraunhofer.de/dokumente/N-6249564.html.
18. Schallmo, D.(2013): Geschäftsmodellinnovation: Grundlagen, bestehende Ansätze, methodisches Vorgehen und B2B-Geschäftsmodelle, Wiesbaden: Springer Gabler.
19. Schweibenz, W. (2004): Zielgruppenorientiertes Interaktionsdesign mit Personas. In: NFD Information-Wissenschaft und Praxis, Nr. 55 (2), S. 151–156.
20. Vandermerwe, S., Rada, J. (1988): Servitization of Business: Adding Value by Adding Services, In: European Management Journal, Volume 6, Nr. 4, S. 314–324.

21. VDMA Bayern (2020): Leitfaden Künstliche Intelligenz – Potenziale und Umsetzungen im Mittelstand.
22. Von Garrel, J., Jahn, C. (2022): Design Framework for the Implementation of AI-based (Service) Business Models for Small and Medium-sized Manufacturing Enterprises.

Eine globale Analyse von Leitlinien zum Umgang mit Künstlicher Intelligenz in Unternehmen

6

Jörg von Garrel und Leah Vrga

Zusammenfassung

Künstliche Intelligenz(KI) ist in vielen Bereichen des Alltags angekommen und wird zu Teilen bereits ganz selbstverständlich genutzt, etwa im Bereich der Sprachassistenten. Diese Technologie ist grundlegend und in ihrer Bedeutung vergleichbar mit der Entwicklung des Internets oder auch von Mikrochips. Der letztliche Umfang und die ganze Tragweite von KI ist bisher noch nicht abschätzbar. Entscheidungen von KI-Systemen sind oft undurchsichtig oder schwer bis nicht nachvollziehbar, was zu fehlendem Vertrauen und geringer Akzeptanz führen kann. Um diese Herausforderung zu adressieren, haben viele Organisationen Leitlinien für den ethischen und möglichst transparenten Einsatz von KI im Unternehmen entwickelt. Diese Leitlinien sollen den Umgang mit KI fest regeln, um diese Transparenz, Fairness sowie ethischen Grundsätze sicherzustellen. Eine systematische Analyse solcher unternehmensspezifischer Leitlinien kann anderen Organisationen als Orientierung dienen, um eigene Regelungen zu gestalten bei der Implementierung von KI-Systemen.

6.1 Einleitung

Künstliche Intelligenz ist ein fester Bestandteil des Alltags: Sprachassistenten, eine effektivere Navigation durch Vorschlagen von alternativen Routen bei Staus und automatisch erstellte Playlists auf Streaming-Plattformen mit Liedern, die den eigenen Musikgeschmack erkennen, sind nur einige Beispiele, die zeigen, dass KI in vielen Bereichen

J. von Garrel (✉) · L. Vrga
Hochschule Darmstadt, Darmstadt, Deutschland
E-Mail: joerg.vongarrel@h-da.de

J. von Garrel und S. Thomas (Hrsg.), *Künstliche Intelligenz im produzierenden Mittelstand,* https://doi.org/10.1007/978-3-658-49275-5_6

des Lebens angekommen ist und selbstverständlich und häufig unbewusst genutzt wird [85, 11, 74]. Gleichzeitig ist ein Ende der Entwicklungen nicht zu erwarten: Bill Gates schreibt in seinem Blog: *„The development of AI is as fundamental as the creation of the microprocessor, the personal computer, the Internet, and the mobile phone"* [23]. In diesem Kontext wird die KI seiner Ansicht nach die Lebensweise in vielen Bereichen grundlegend verändern. Das Unternehmen OpenAI, das im November 2022 den KI-basierten Sprachassistenten ChatGPT veröffentlicht hat, konnte innerhalb weniger Tage nach der Veröffentlichung von ChatGPT eine Nutzerzahl von einer Million erreichen [10]. Die Anwendungsmöglichkeiten dieses Tools sind dabei vielfältiger Natur [84]. Künstliche Intelligenz kann aber nicht nur für den Menschen im Alltag, sondern auch für Unternehmen von großer Bedeutung sein [83].

Die Algorithmen, die für KI-Systeme verwendet werden, sind jedoch häufig komplex und undurchsichtig und somit vom Typ „Black-Box" [41, 82]. Dadurch sind Entscheidungen von KI häufig nicht nachvollziehbar und es fehlt an Erklärbarkeit und Transparenz [74, 82]. Zudem kann KI unfaire Entscheidungen treffen, wenn die verwendeten Daten Biases oder Fehler enthalten [41] und es lassen sich diverse Settings finden, in denen die Entscheidung von KI-Entscheidungen angezweifelt werden kann. So ließ sich eine vom Bayerischen Rundfunk getestete KI von Äußerlichkeiten beeinflussen. Die KI schätzte eine Testperson als weniger gewissenhaft ein, wenn diese eine Brille trägt, als wenn sie keine trägt [5].

Die fehlende Nachvollziehbarkeit und teilweise Voreingenommenheit von und gegenüber KI-Systemen kann dazu führen, dass Vertrauen und Akzeptanz gering ausgeprägt sind [6] und *„Endanwender und Unternehmen in der Adaption dieser intelligenten Systeme zögerlich agieren"* [28]. KI kann sich aber gleichwohl nur weiterentwickeln und Vorteile für den Menschen bringen, wenn Menschen langfristig Vertrauen in die KI-Systeme haben können und Akzeptanz gegenüber den Technologien zeigen [4, 30, 41, 38].

Ein potenzieller Ansatz von Organisationen ist es in diesem Kontext Leitlinien zu erarbeiten, in denen festgelegt wird, in welchem (ethischen) Rahmen sich die Anwendung von KI bewegen darf. In den letzten Jahren wurde eine Reihe solcher Leitlinien insbesondere von weltweit agierenden Konzernen als auch von Forschungsinstituten und Institutionen des öffentlichen Sektors veröffentlicht [37, 27, 20].

Ziel dieses Artikels ist es, eine Übersicht von KI-Leitlinien zu geben. Der Fokus liegt hierbei auf privatwirtschaftlich agierenden Unternehmen im Bereich Produktion und Dienstleistung, die bislang keinen gesetzlich festgelegten Leitlinien in Hinblick auf KI folgen mussten. Einerseits dienen diese Analysen dazu, einen Überblick über konkrete Kategorien zu erhalten, die für Organisationen zum Fixieren dieser Leitlinien relevant sind. Andererseits dienen die Analysen als Orientierung zur Etablierung eigener Leitlinien für produzierende und dienstleistende Unternehmen, die vor der Herausforderung stehen KI mitarbeiterfreundlich (im Sinne eines akzeptanz- und vertrauensschaffenden Prozesses) zu implementieren.

6.2 State of the Art

Wie bereits erwähnt, sind in den letzten Jahren eine Reihe Leitlinien im Umgang mit Künstlicher Intelligenz – insbesondere von weltweit agierenden Konzernen, aber auch von Forschungsinstituten und Institutionen des öffentlichen Sektors – veröffentlicht worden [37, 27, 20]. Auch die EU-Kommission hat 2019 einen ersten Rahmen für eine vertrauenswürdige KI vorgelegt [31, 44].

Eine vertrauenswürdige KI zeichnet sich laut EU-Kommission durch drei Komponenten aus [31]:

1. Sie sollte rechtmäßig sein und somit geltendes Recht und alle gesetzlichen Bestimmungen einhalten;
2. Sie sollte ethisch sein und somit die Einhaltung ethischer Grundsätze und Werte garantieren;
3. und Sie sollte sowohl in technischer als auch in sozialer Hinsicht robust sein, da KI-Systeme möglicherweise unbeabsichtigten Schaden verursachen, selbst dann, wenn ihnen gute Absichten zugrunde liegen.

In der EU wurde zudem seit 2021 ein Gesetz zum Umgang mit künstlicher Intelligenz vorbereitet, der EU AI Act [17], welcher 2024 verabschiedet wurde und nun innerhalb der einzelnen Länder umgesetzt werden muss [15]. Die Vorschriften sollen durch ein Government-System in den Mitgliedsstaaten durchgesetzt werden, das durch einen Kooperationsmechanismus mit der Einrichtung eines Europäischen Rates für künstliche Intelligenz ergänzt wird [17]. Die Stärke der Regulierung richtet sich nach dem identifizierten Risiko, das eine KI-Anwendung mit sich bringt. Handelt es sich um eine Hoch-Risikoanwendung, wie zum Beispiel der biometrischen Gesichtserkennung, soll diese streng reguliert beziehungsweise verboten werden [18].

Im Einklang mit den Richtlinien des EU AI Acts, der als rechtlicher Rahmen gilt, legen Unternehmen mit ihren KI-Richtlinien ethische und organisatorische Prinzipien im Umgang mit KI fest.

In der Literatur existieren erste Analysen, die die Relevanz und die Häufigkeiten von bestehenden Leitlinien untersuchen: Kaur et al. (2022) identifizieren in einem Review verschiedene Methoden und Leitlinien, um KI-Risiken zu senken und das Vertrauen und die Akzeptanz in KI zu stärken. Sie überprüften fünf Anforderungen, denen vertrauenswürdige KI-Systeme gerecht werden müssen. Dabei schließen sie die vier Prinzipien Fairness, Erklärbarkeit, Rechenschaft und Privatsphäre ein, die aus dem EU-Rahmen hervorgehen und ergänzen diese um das Prinzip der Akzeptanz.

Jobin et al. (2019) führen ebenfalls ein systematisches Review durch und analysierten 84 Dokumente von Unternehmen und Organisationen im Hinblick auf KI-Leitlinien. Am häufigsten vertreten sind die Prinzipien „Transparenz" (73/84, also bei 73 von 84 analysierten Leitlinien genannt), „Gerechtigkeit und Fairness“ (68/84) und das „Nicht-Schadenprinzip“ sowie die „Verantwortlichkeit/Rechenschaft“ (jeweils 60/84).

Bei einer Analyse von Hagendorff (2020) von 22 Leitlinien werden die Leitlinien „Privatsphäre/Schutz“ (18/22), „Fairness/Nicht-Diskriminierung/Gerechtigkeit“ (18/22), „Rechenschaft“ (17/22), „Sicherheit/Cyberschutz“, „Menschliche Aufsicht/Kontrolle/Auditierung und Gemeinwohl/Nachhaltigkeit/Wohlbefinden“ (jeweils 16/22) am häufigsten genannt.

Fjeld et al. (2020) inkludieren in ihrer Analyse 36 Dokumente mit KI-Leitlinien. Hierbei werden „Fairness“ und „Nicht-Diskriminierung“ in allen Dokumenten genannt, gefolgt von „Privatsphäre“ und „Rechenschaft“ (jeweils 97 %) sowie „Transparenz und Erklärbarkeit“ (94 %).

Die Analysen verdeutlichen, dass es zu Überschneidungen in den identifizierten Kategorien kommt. So sind beispielsweise die Kategorien „Gerechtigkeit und Fairness“ und „Verantwortung/Rechenschaft“ in allen Analysen als Schlüsselprinzipien zu beobachten. Zudem wird kritisiert, dass die Leitlinien uneinheitlich definiert sind [37], wodurch es schwieriger wird, die Akteure für ihre Verpflichtungen zur Rechenschaft zu ziehen [29].

6.3 Methodisches Vorgehen

Das methodische Vorgehen der Analyse gliedert sich in drei Schritte. Zunächst wird eine systematische Literaturanalyse durchgeführt, um eine möglichst hohe Anzahl von unternehmensbasierten KI-Leitlinien zu identifizieren. Im zweiten Schritt erfolgt eine induktive Kategorienbildung entlang der Leitlinien. Die Kategorien werden im dritten Schritt quantitativ ausgewertet, um eine Aussage über die am häufigsten formulierten Leitlinien treffen zu können.

Die systematische Literaturanalyse *„is a systematic, explicit, and reproducible method for identifying, evaluating, and synthesizing the existing body of literature of completed and recorded work produced by researchers, scholars, and practitioners.“* [19]. Im vorliegenden Artikel liegt der Fokus auf Dokumenten von Unternehmen, in denen Leitlinien zum Umgang mit künstlicher Intelligenz festgelegt werden. Das heißt, Hauptgegenstand der Analyse sind keine wissenschaftlichen Artikel, sondern praxisnahe, graue Literatur [37]. Aufgrund des Ziels, eine möglichst breite Übersicht über die aktuelle Umsetzung von KI-Leitlinien aufseiten der Unternehmen zu erhalten, wird dennoch das methodische Vorgehen der systematischen Literaturanalyse gewählt. Dabei erfolgt eine Orientierung am methodischen Vorgehen von Randolph (2009). Dieses Vorgehen umfasst mehrere Schritte, die wiederum Unterschritte beinhalten können:

1. Problemformulierung
   a. Festlegung des Ziels der Analyse und der Forschungsfrage
   b. Festlegung von Einschluss- und Ausschlusskriterien

2. Datensammlung
   a. Suche in Datenbanken und citation chaining
   b. Auswahl der Dokumente
   c. Dokumentation über die Vorgehensweise
3. Auswertung der Daten
   a. Festlegung der auszuwertenden Daten
   b. Dokumentation über die Vorgehensweise
4. Analyse der Daten mithilfe von quantitativen/qualitativen Methoden & Interpretation
5. Veröffentlichung (inkl. Abwägung der gefundenen Informationen)

Nachfolgend wird das im Rahmen der Analyse der Leitlinien umgesetzte Vorgehen kurz erörtert:

Schritt 1

Ziel der Literaturanalyse ist die Identifikation von veröffentlichten Dokumenten, die Leitlinien von Unternehmen zum Umgang mit KI umfassen. Diese Dokumente sollen als Grundlage für eine anschließende Inhaltsanalyse dienen, welche Aufschluss über die am häufigsten formulierten Leitlinien in der Praxis gibt. Es ergibt sich daraus die Forschungsfrage, welche Leitlinien zum Umgang mit KI in der Praxis bei Unternehmen von besonderer Relevanz sind.

Für die Auswahl von geeigneten Dokumenten werden mehrere Ein- und Ausschlusskriterien festgelegt:

1. Es muss sich um Leitlinien von Unternehmen handeln. Leitlinien von politischen Organisationen sowie von Gewerkschaften und Forschungseinrichtungen werden nicht in die Analyse einbezogen.
2. Es muss klar hervorgehen, dass sich die Unternehmen den formulierten Leitlinien selbst verpflichten. Das heißt, Empfehlungen zum Umgang mit künstlicher Intelligenz für andere Unternehmen werden ebenfalls nicht berücksichtigt.
3. Des Weiteren nicht in die Analyse miteingeschlossen werden Leitlinien, die sich auf den generellen Umgang mit Daten beziehen. Diese können sich zwar auch auf künstliche Intelligenz beziehen, umfassen jedoch auch andere Themengebiete. Für eine Analyse mit dem Schwerpunkt der künstlichen Intelligenz sind sie deshalb ungeeignet.
4. Zulässig sind jedoch verschiedene Arten von Veröffentlichungen. Nicht alle Unternehmen kommunizieren und betiteln ihre Leitlinien auf offiziellem Wege. Einbezogen werden deshalb auch Blogbeiträge, Interviews und Textabschnitte aus Codes of Conduct, wenn sie den oben genannten Kriterien entsprechen.

Schritt 2

Da es sich bei den Dokumenten um graue Literatur handelt, findet die Literaturrecherche über die Suchmaschinen Google, Bing und Yandex statt. Die Auswahl der Dokumente erfolgt anhand der bereits beschriebenen Kriterien. Die gefundenen Treffer werden hierfür vollständig betrachtet.

Danach werden die Ergebnisse verglichen und Duplikate, die sich sowohl bei den Suchmaschinen als auch bei den Ergebnissen der Suchergebnisse ergeben, entfernt.

Im zweiten Schritt werden die Ergebnisse der bereits identifizierten Leitlinien mit den berücksichtigten Daten der Reviews von Jobin et al. (2019), Hagendorff (2020) und Fjeld et al. (2020) verglichen und ergänzt. Dieses Vorgehen wird durchgeführt, um mögliche weitere Dokumente, die nicht durch die Recherche gefunden werden, aber den Einschlusskriterien entsprechen, ebenfalls miteinzubeziehen (citation chaining). Zudem erfolgt ein Abgleich mit relevanten Zusammenstellungen von KI-Leitlinien auf den Online-Plattformen Algorithm-Watch, AIethicist und AI Ethics Lab.

Schritt 3

Im nächsten Schritt werden die identifizierten Leitlinien auf inhaltlicher Ebene analysiert. Da die kompletten Leitlinien eines Unternehmens und nicht nur ein bestimmter Abschnitt analysiert werden, werden zunächst alle identifizierten Leitlinien in voller Länge in ein Analyseprogramm übertragen. Dies ist auch der Fall, wenn Leitlinien in impliziter Form (u. a. Interviews) kommuniziert werden. Um sicherzustellen, dass alle genannten Leitlinien erfasst werden, wird in diesem Fall der komplette Beitrag übertragen. Handelt es sich jedoch um explizite Darstellungen (u. a. Blogbeiträge), aus denen klar ersichtlich wird, dass die Leitlinien kompakt an einer Stelle dargestellt sind, so wird nur dieser Teil übertragen.

Schritt 4

Daraufhin erfolgt die induktive Kategorienbildung anhand der Texte (unter Berücksichtigung von [20] und [37]). Die jeweiligen festgelegten Kategorien werden auf Basis des Inhalts der Leitlinien gebildet. Im weiteren Vorgehen werden inhaltlich ähnliche Textstellen einer Kategorie zugeordnet. Hierbei wird festgelegt, dass eine vom Unternehmen formulierte Leitlinie auch mehreren weiteren Kategorien zugeordnet werden kann. Dieses Vorgehen wird an dem Beispiel für die formulierte Leitlinie „Human-centric AI" des Unternehmens Telefonica deutlich:

> *"Human-centric AI*
>
> *AI should be at the service of society and generate tangible benefits for people. AI systems should always stay under human control and be driven by valuebased considerations. Telefonica is conscious of the fact that the implementation of AI in our products and services should in no way lead to a negative impact on human rights or the achievement of the UN's Sustainable Development Goals. We are concerned about the potential use of AI for the creation or spreading of fake news, technology addiction, and the potential reinforcement of societal bias in algorithms in general. We commit to working towards avoiding these tendencies to the extent it is within our realm of control."* [76].

Die Leitlinie wird als „Human-centric“ formuliert, welche der Kategorie „Der Mensch im Fokus“ zugeordnet werden kann. Allerdings lassen sich in den Ausführungen auch andere Leitlinien erkennen, wie zum Beispiel, dass KI im Dienst der Gesellschaft steht und Nachhaltigkeitsaspekte berücksichtigt werden sollen. Diese Textstellen werden dementsprechend den Kategorien „Nutzen für die Gesellschaft und gesellschaftliche Verantwortung“ und „Nachhaltigkeit (Natur & Umwelt)“ zugeordnet.

Zudem wird innerhalb einer Codierung eine Aufteilung in mehrere Unterkategorien vorgenommen, wie an folgendem Beispiel deutlich wird:

> *„Accountable – We always remain responsible. Our solutions come with a clear definition of who is responsible for which AI solution. We are in charge of our products and services. And, we know who is in charge for partner or third-party solutions.“* [77]

Diese Leitlinie kann grundsätzlich der Kategorie „Festlegung von Verantwortung und Rechenschaft“ zugeordnet werden. Der Inhalt dieser Leitlinie kann weiterhin ausdifferenziert werden. So lässt sich herauslesen, dass das Unternehmen sich selbst die Verantwortung für die KI zuschreibt und auch die Zuständigkeiten sowie Ansprechpartner externer Kooperationspartner bekannt sind.

Zusätzlich erfolgt eine quantitative Aggregation der Daten. Hierfür wird für jedes Unternehmen geprüft, ob Leitlinien entsprechend einer Kategorie codiert worden sind. Werden mehrere Textstellen in den Leitlinien eines Unternehmens derselben Kategorie zugeordnet, so wird dies – für die quantitative Analyse – einfach gezählt, sodass eine Kategorie pro Unternehmen nur als vorhanden beziehungsweise nicht vorhanden gelten kann.

6.4 Ergebnisse

Insgesamt können 58 Leitlinien von Unternehmen in die Analyse einbezogen werden (Tab. 6.1).

Die induktive Kategorienbildung resultiert in 21 Kategorien, die im Folgenden näher beschrieben werden.

- Festlegung von Verantwortung und Rechenschaft
- Gewährleistung von Sicherheit/Robustheit und Schutz
- Zuverlässige KI-Systeme
- Rechtmäßigkeit
- Der Mensch im Fokus
- Nutzen für die Gesellschaft/gesellschaftliche Verantwortung
- Vielfalt, Nichtdiskriminierung und Fairness
- Menschenrechte und Menschenwürde

Tab. 6.1 Unternehmen der Analyse (Quelle: Eigene Darstellung)

Unternehmen		
Astra Zeneca	H&M	Philips
Adobe	Hewlett Packard Enterprise	Randstad
Alibaba	HSBC	RELX
Amazon AWS	IBM	Rewe
Austria Presse Agentur	In a Nutshell	Salesforce
AT&T	Juniper	Samsung
Bayerischer Rundfunk	KAKAO	SAP
BMW	LinkedIn	Siemens
Bosch	Lufthansa	Sony
Boston Consulting Group	Mercedes Benz	SPARK
BOX	Microsoft	Statworx
Capgemini	Merck	Telefonica
Cisco	Mitsubishi	Telekom
DeepMind	NEC	Telia
Dell	Novartis	Thomson Reuters
Dropbox	Nokia	Tietoevry
Facebook	NTT Data	Unity
Fujitsu	OSP	Workday
Generali	OP-Financial Group	
Google	Pfizer	

- Erklärbarkeit: Transparenz auf Ebene der Prozesse/Ergebnisse/Risiken
- Transparenz durch proaktive Kommunikation
- Folgenabschätzung
- Forschung, Teilen von Wissen über KI und Austausch mit anderen
- Austausch und Zusammenarbeit mit Nutzenden
- Ökologische Nachhaltigkeit
- Nachhaltiger Umgang mit Daten
- Wahrung von Privatsphäre und Datenschutz
- Gewährleistung des Vorrangs des menschlichen Handelns/Kontrolle durch den Menschen
- Governance
- Ethik
- Verantwortungsvoller Umgang mit KI
- Vertrauen

Festlegung von Verantwortung und Rechenschaft

Diese Kategorie fasst Leitlinien zusammen, die definieren, dass sich Unternehmen der Verantwortung des Einsatzes von KI bewusst sind bzw. Rechenschaft für einzelne Prozesse oder Ergebnisse von KI-basierter Systemen übernehmen.

Dieser Umstand kann bis hin zu einer konkreten Nennung von Verantwortungsbereichen gehen, wer für welchen Bereich verantwortlich ist.

Ebenfalls betonen einige Unternehmen nicht nur die eigene Verantwortung bei der Verwendung von KI, sondern dass ihnen auch die Verantwortlichkeiten für die KI-Systeme bei den Partnern des Unternehmens bekannt und diese für sie relevant sind.

Einige Unternehmen legen zudem fest, dass sie selbst als Unternehmen komplett verantwortlich für die KI-Systeme sowie rechenschaftspflichtig sind, andere wiederum konkretisieren, wie Verantwortung und Rechenschaft umgesetzt werden sollen. Unter anderem streben die Unternehmen Alibaba und Facebook an, Prozesse und Mechanismen zu implementieren, die zur Gewährleistung von Verantwortung/Rechenschaft führen sollen. Bei Facebook beinhaltet dies beispielsweise, dass Menschen immer die Systeme überwachen und eingreifen können.

Stichwörter

- Verantwortung
- Verantwortlichkeit
- Haftung
- Rechenschaft
- (algorithmische) Rechenschaftspflicht
- Verantwortung bei den Partnern

Beispielzitat

„Accountable

We always remain responsible. Our solutions come with a clear definition of who is responsible for which AI solution. We are in charge of our products and services. And, we know who is in charge for partner or third-party solutions.“ [77]

Gewährleistung von Sicherheit/Robustheit

Eine häufig genannte Leitlinie ist die Sicherheit von KI-Systemen.

Viele Unternehmen formulieren bei der Einführung von sicheren/robusten KI-Systemen das Ziel, unerwünschte Ergebnisse und Schäden unter anderem an Menschen zu verhindern. KI-Systeme sollen darüber hinaus selbst vor äußerlichen Einflüssen und Missbrauch geschützt werden. Manche Unternehmen verankern in ihren Leitlinien auch konkrete Maßnahmen, wie sie ein hohes Maß an Sicherheit und Schutz gewährleisten und ausbauen wollen. Dies kann beispielsweise durch regelmäßige Tests, (Qualitäts-)Sicherheitsstandards und Maßnahmen, Regeln, Messungen, Evaluationen, Kontrollen bzw. Überwachung der Systeme sowie durch die Möglichkeit des Eingreifens durch den Menschen geschehen.

Stichwörter

- Sicherheit
- Robust(heit)
- Kein Schaden/unerwünschte Folgen
- Kein Missbrauch
- Kontrollen/Tests/Evaluierungen
- Schutz
- Risikominimierung
- Verhalten wie erwartet
- Risiken minimieren

Beispielzitat

„Be built and tested for safety

We will continue to develop and apply strong safety and security practices to avoid unintended results that create risks of harm. We will design our AI systems to be appropriately cautious, and seek to develop them in accordance with best practices in AI safety research. In appropriate cases, we will test AI technologies in constrained environments and monitor their operation after deployment.“ [25]

Zuverlässige KI-Systeme

Eng im Zusammenhang mit der Sicherheit steht die Zuverlässigkeit von KI-Systemen. Die Relevanz von zuverlässiger KI wird zum Beispiel damit begründet, dass KI-Systeme wichtige Entscheidungen treffen könnten und in kritischen Bereichen wie dem autonomen Fahren von sicherheitsrelevanter Natur sind. Erreicht wird eine zuverlässige KI u. a. mit Hilfe von verlässlichen Daten, Messungen, gewissenhaftes Training, wissenschaftlich fundierte Algorithmen, neueste Technologien und durch die Zusammenarbeit mit Nutzenden.

Stichwörter

- Zuverlässig(keit)
- Verlässlich(keit)

Beispielzitat

„KI-Systeme sollten zuverlässig und sicher funktionieren.“ [46]

Rechtmäßigkeit

In dieser Kategorie werden Inhalte von Leitlinien zusammengeführt, die explizit darauf verweisen, dass geltendes Recht und Gesetze eingehalten werden. Dies bezieht sich sowohl auf unternehmenseigene Prinzipien und Werte als auch auf staatlich festgelegte sowie allgemeingültige Rechte und Gesetze.

Stichwörter

- Regeln
- Recht
- Gesetz
- (gesetzliche) Vorschriften
- Rechtmäßigkeit
- Normen

Beispielzitat
„Wir handeln im Einklang mit unseren Unternehmenswerten. Unsere Systeme und Lösungen müssen mit den vom Menschen definierten Regeln, Recht und Gesetzen konform sein.“ [22]

Der Mensch im Fokus
Leitlinien, die dieser Kategorien zugeordnet werden, verdeutlichen, dass beim Einsatz von KI-Systemen der Mensch und der Nutzen für den Menschen im Vordergrund stehen. Die KI soll den Menschen in verschiedenen Bereichen, wie zum Beispiel im Alltag und bei Entscheidungsfindungen, unterstützen und das Leben erleichtern. Außerdem soll die KI unterstützen, ihre Potenziale und Fähigkeiten zu entfalten.

Konkret nennen Unternehmen hier, dass Menschen durch den Einsatz von KI direkte Vorteile erhalten, beispielsweise im Bereich der Gesundheit. Zudem wird stellenweise explizit betont, dass der Einsatz von KI zwar darauf abzielt, ergänzende Vorteile für den Menschen zu generieren, diesen aber nicht ersetzen bzw. die menschliche Kontrolle ausschließen soll.

Ein weiterer Faktor, der dieser Kategorie zugeordnet wurde, ist die Beachtung und Förderung des Wohlergehens der Menschen beim Einsatz von KI sowie die Orientierung an menschlichen Werten.

Stichwörter

- Menschenzentrierung
- Mensch im Fokus/Mittelpunkt
- Vorteile/Nutzen für den Menschen
- Unterstützung/Erleichterung/Vereinfachung für den Menschen
- KI dient dem Menschen, ersetzt ihn nicht → im Sinne von Mensch hat Nutzen von KI
- Menschliche Werte
- Wohlergehen der Menschen fördern
- Menschliche Fähigkeiten ergänzen

Beispielzitat

„Human centric

AI is used to simplify and enhance our customers' lives. Employees' issues are recognized and respected. We acknowledge the advantages of a cooperative and complementary model of humanmachine interactions and seek to use this in a sustainable way. Our preference and intention is for AI to extend and complement human abilities rather than lessen or restrict them". [77]

Nutzen für die Gesellschaft bzw. gesellschaftliche Verantwortung

Neben dem Nutzen für den einzelnen Menschen werden in dieser Kategorie Leitlinien zusammengefasst, die den Nutzen für die Gesellschaft sowie für das gesellschaftliche Wohlergehen in den Vordergrund stellen. Unternehmen legen hier fest, dass durch die Nutzung von KI-Systemen ein Nutzen für die Gesellschaft geschaffen sowie das gesellschaftliche Wohlergehen gefördert und beachtet werden soll, womit die Unternehmen auch einer gesellschaftlichen Verantwortung gerecht werden wollen. Ebenso wird bei manchen Unternehmen festgelegt, dass mithilfe von KI gesellschaftliche Probleme und Fragestellungen, wie zum Beispiel im Bereich des Klimawandels, adressiert werden sollen.

So kann durch KI beispielsweise das soziale Engagement gefördert, sowie ökonomisches Wachstum und Beschäftigung verbessert werden. Auch die nachhaltige Entwicklung der Gesellschaft mithilfe von KI findet in diesem Rahmen Beachtung.

Stichwörter

- Gesellschaft
- Menschliches Zusammenleben
- Gesellschaftliche/soziale Verantwortung/Beitrag zur Gesellschaft/positiver gesellschaftlicher Einfluss
- Vorteile/Nutzen für Gesellschaft
- Gesellschaftliches Wohlergehen/zum Wohle der Gesellschaft

Beispielzitat

„NTT DATA will focus on sustainability as well as well-being of human society. NTT DATA will promote solving social issues by using AI in recognition of diversity and in consideration with basic human rights." [33]

Vielfalt, Nichtdiskriminierung und Fairness

In dieser Kategorie sind Leitlinien von Organisation inkludiert, die beschreiben, dass es beim Einsatz von KI-Systemen zu keiner Diskriminierung bzw. keinen negativen Auswirkungen auf Menschen aufgrund von Persönlichkeitsmerkmalen kommt. Zu solchen Merkmalen zählen beispielsweise Geschlecht, Herkunft, Religion. Auch sind hier Aussagen inkludiert, die beschreiben, dass keine Verzerrungen in den Datensätzen entstehen. Anders formuliert soll die Vielfalt von Menschen (in Datensätzen und im Unternehmen) berücksichtigt bzw. gefördert sowie die genutzten Daten repräsentativ einbezogen werden (Inklusivität). Die KI soll fair, gerecht und möglichst frei von negativen Vorurteilen bzw. Biasses sein. Darüber hinaus soll für alle Menschen gleichermaßen Zugang zu KI-Systemen und den daraus resultierenden Vorteilen geschaffen werden.

Stichwörter

- Fairness (in den Daten)
- Keine Diskriminierung
- Inklusion/Inklusiv
- Gleichberechtigung/Gleichheit/Gerechtigkeit
- Vielfalt
- Integrative KI
- Vorurteilsfrei
- Keine Verzerrung/Kein Bias
- Zugang und Vorteile für alle

Beispielzitat

„*Fair and nondiscriminatory utilization*

The Mitsubishi Electric Group recognizes the possibility that decisions may be biased in AI-equipped products and services, but will always strive to treat people fairly and not discriminate in a society where diverse people coexist. In addition, the Mitsubishi Electric Group will seek cooperation with the customers and business partners who we provide AI products or services to, so that fairness principles are respected in all applications of AI technology.“ [51]

Menschenrechte und Menschenwürde

Eng verbunden mit den Kategorien „Mensch im Fokus“ und „Vielfalt/Nichtdiskriminierung“ ist die Kategorie „Menschenrechte und Menschenwürde“. In dieser Kategorie werden Textstellen aus den Leitlinien eingeschlossen, die die Einhaltung und Förderung der Menschenrechte und die Wahrung der menschlichen Würde bei dem Einsatz von KI betonen. Beispielsweise wird betont, dass ein negativer Einfluss von künstlicher Intelligenz auf die Rechte von Menschen verhindert wird.

Stichwörter

- (Achtung/respektieren/Wahrung der) Menschenrechte/Kinderrechte/Grundrechte
- Würde
- Kein negativer Einfluss/Auswirkungen auf die Menschenrechte

Beispielzitat

„Proper Utilization

NEC will ensure proper AI utilization in a way that respects human rights. Furthermore, NEC will ensure that our AI products and services will be utilized by our customers and partners in accordance with respect for human rights.“ [53]

Erklärbarkeit: Transparenz auf Ebene der Prozesse/Ergebnisse/Risiken

Diese Kategorie ist zu unterteilen in eine Unterkategorie, die eine offene Kommunikation und Erklärbarkeit bezüglich der Prozesse und Ergebnisse von KI fokussiert, sowie eine Unterkategorie, die die proaktive Ansprache von Kunden berücksichtigt, bspw. im Rahmen einer Interaktion zwischen Mensch und KI oder im Rahmen einer Datennutzung.

Erklärbarkeit: Transparenz auf Ebene der Prozesse/Ergebnisse/Risiken

In dieser Unterkategorie werden Leitlinien zusammengefasst, die eine Transparenz derart fordern, dass deutlich wird,

- warum und wofür sie KI einsetzen,
- woher die Daten stammen bzw. welche Daten verwendet werden,
- was die Funktionsweise der KI ist,
- wie die Prozesse, das Trainieren und Testen und die Entscheidungsfindung ablaufen,
- was die Auswirkungen (der Nutzung von KI) sind,
- welche Risiken und Grenzfälle und Limitationen bei dem Einsatz von KI-Systemen auftreten könnten bzw. aufgetreten sind sowie
- welche Evaluations- und Prüfprozesse implementiert werden.

Einige Unternehmen formulieren dies als „Erklärbarkeit“. Erklärbarkeit bedeutet (wenn auch nicht immer direkt als diese deklariert beziehungsweise ausformuliert), dass offengelegt wird, wie die KI die Entscheidung getroffen hat und dies jeweils so formuliert und ausgestaltet wird, dass das Ergebnis der KI für die verschiedenen Stakeholdergruppen nachvollziehbar und verständlich ist. Bezüglich der konkreten Umsetzung von transparenter KI werden wenige Aussagen getroffen. Hier werden u. a. Model Cards genannt, die verschiedene Modelle dokumentieren. Ziel dieser Transparenz soll u. a. Vertrauensaufbau sein. Außerdem soll Stakeholdern durch diese Transparenz ermöglicht werden, informierte Entscheidungen zu treffen.

Stichwörter

- Erklärbarkeit
- Kommunikation
- Offenlegung/Darlegung
- Bereitstellung von Informationen
- Nachvollziehbarkeit/Verständlichkeit ermöglichen
- Transparenz
- Aufzeigen Grenzen von KI
- Aufzeigen von Datenquellen/Kontrolle der Datenquellen
- Rückverfolgbarkeit

Beispielzitat

„*We will be open about, and explain, our use of AI to our customers so they have a clear understanding of our AI systems and their application. We want our customers to understand how Adobe uses AI, the value AI-assisted tools bring to them, and what controls and preferences they have available when they engage with and utilize Adobe's AI-enhanced tools and services.*" [1]

Transparenz durch proaktive Kommunikation:
Zudem verankern manche Unternehmen eine proaktive Kommunikation als weitere Transparenzstufe. Dies bedeutet, dass Kunden informiert werden, wann, wofür und welche Daten von ihm verwendet werden, aber auch in welchen Situationen Kunden mit einer KI interagieren.

Stichwörter

- Benachrichtigung/aktive Kommunikation, dass Nutzende mit KI interagieren
- Proaktive Kommunikation und Information darüber, wann und welche Daten von der Kundengruppe eingesetzt werden

Beispielzitat

„*When people directly interact with an AI system, we will be transparent to the users that this is the case.*" [76]

Folgenabschätzung

Aus den Leitlinien kann zudem eine Kategorie zur Folgenabschätzung herausgearbeitet werden. Folgenabschätzung bedeutet, dass mögliche, mit dem Einsatz von KI auftretende Auswirkungen auf Gesellschaft, Umwelt und Individuum analysiert werden. In diesem Kontext werden die Chancen und Risiken bzw. Vor- und Nachteile sowie der Nutzen der Implementierung von KI-Systemen oder einzelnen Prozessen betrachtet beziehungsweise gegeneinander abgewogen. Dies geschieht u. a. indem Tests durchgeführt oder auch die Folgen von KI im Rahmen eines „breiteren" Diskurses analysiert werden, um u. a. die Auswirkungen von KI im Bereich der Arbeit zu diskutieren.

Stichwörter

- Identifizieren von Chancen und Risiken/negativen Folgen
- Abwägen
- Folgenabschätzungen
- Identifizieren von Auswirkungen
- Vor- und Nachteile

Beispielzitat

„The societal impacts of AI should always be carefully considered." [14]

Forschung, Teilen von Wissen über KI und Austausch mit anderen

In dieser Kategorie werden Leitlinien subsumiert, in denen Unternehmen die Notwendigkeit weiterer Forschungen sowie des Wissensaustausches verdeutlichen. So verankern einige Unternehmen in ihren Leitlinien, dass sie das Wissen, das sie über KI-Systeme gewonnen haben, bereitstellen – bspw. in Form von wissenschaftlichen Papern. Ebenso ist in dieser Kategorie der Austausch mit anderen Akteuren bzw. Stakeholdern, Experten, wissenschaftlichen und politischen Institutionen, aber auch der Industrie sowie anderen Unternehmen berücksichtigt, um so z. B.

- das eigene Wissen zu erweitern,
- relevante Anliegen bzw. Themenbereiche aus dem Umfeld zu verstehen,
- anhand von Best-Practice Beispielen lernen zu können oder
- die Forschung und Entwicklung von KI voranzutreiben.

Manche Unternehmen legen zudem ein innerbetriebliches Lernen im Hinblick auf KI fest.

Stichwörter

- Teilen von Wissen
- Veröffentlichung von Wissen
- Anwenden von Best-Practice Beispielen und Methoden anderer Organisationen
- Zusammenarbeit/Partnerschaft/Kooperation/Austausch/Dialog mit anderen Akteuren
- (Förderung von) Forschung und Wissenschaft
- Beteiligung an Diskursen
- Schulungen
- Lernen
- Kollaboration

Beispielzitat

„*Wir arbeiten in Kooperation mit Hochschulen und Universitäten an Projekten wie Textgenerierung und Machine-Learning-Modellen und bieten Studierenden und Lehrenden praktische Kontexte für Forschungsarbeiten. Wir suchen Austausch mit wissenschaftlichen Instituten und KI-Ethik-Expert:innen.*" [5]

Austausch und Zusammenarbeit mit Nutzenden

Eine weitere Kategorie kann zusammengefasst werden als Austausch und Zusammenarbeit mit direkt beteiligten und betroffenen Nutzenden, Mitarbeitenden oder den Kunden. In diesem Kontext sollen die genannten Akteursgruppen Feedback geben und Anliegen kommunizieren, auf deren Grundlage Anpassungen im Umgang mit KI erfolgen, der Nutzen bzw. die Qualität von KI optimiert wird und die Fairness-Prinzipien umgesetzt werden sollen.

Stichwörter

- Zusammenarbeit und Einbezug von den Kunden, Mitarbeitenden und Anwendern
- Wahrnehmen von Anliegen, Interessen und Bedürfnissen
- Feedback

Beispielzitat

„*Of course, the people who use our products and services are another key stakeholder in how we chart our course around Responsible AI, and their lived experiences are another critical form of feedback to factor into our thinking. That's why we have an integrated user research practice that allows us to better understand the core needs of the people using our products and help ensure that we are building technology and experiences that benefit people, society, and the world.*" [61]

Nachhaltigkeit

Für diese Kategorie können zwei Unterkategorien festgelegt werden: Zum einen geht es um nachhaltiges Handeln im Sinne von umweltspezifischen und somit ökologischen Fragestellungen und zum anderen um einen nachhaltigen bzw. bewussten Umgang mit Daten und Algorithmen.

(Ökologische) Nachhaltigkeit (Natur & Umwelt):

In dieser Unterkategorie werden Aspekte der Nachhaltigkeit sowie des Umweltschutzes bei der Nutzung von KI-Systemen inkludiert. Dies kann sich derart äußern, dass darauf geachtet wird, dass der Energieverbrauch niedrig bleibt und nachhaltig gehandelt wird. Außerdem kann sich durch den Einsatz von KI ein Beitrag zur Erreichung der Nachhaltigkeitsziele und des Umweltschutzes äußern. Es soll ein Nutzen für die Umwelt kreiert werden.

Stichwörter

- Nachhaltigkeit(sziele)
- Nutzen für Umwelt
- Wohle des Planeten/ökologisches Wohlergehen
- Nachhaltiger Energieverbrauch

Beispielzitat

„Ökologisch"

„Die Entwicklung und der Betrieb von KI-Systemen ist ressourcenintensiv. Wir sind davon überzeugt, dass es von zentraler Bedeutung ist, bei der Arbeit mit KI den Verbrauch von Energie und Hardware sowie die damit verbundenen Treibhausgasemissionen zu minimieren." [73]

Nachhaltiger Umgang mit Daten:
Zudem betonen einige Unternehmen ein nachhaltiges Vorgehen im Umgang mit Daten und Algorithmen derart, dass bei der Methodenwahl weniger komplexe Vorgehen zu bevorzugen sind und auch bei der Datennutzung ein effizienter Umgang beachtet werden soll.

Stichwörter

- Reduktion von Komplexität
- Datenminimalismus
- Datensparsamkeit
- Prinzip der Nachhaltigkeit im Kontext von Daten

Beispielzitat

„Wir entwickeln eine KI-Anwendung nur, wenn sie sinnvoll ist. Funktioniert eine einfache Methode besser, verwenden wir diese und machen unsere Kunden darauf aufmerksam. Zudem gilt für uns das Prinzip des Datenminimalismus: Wir wählen gezielt Daten für unsere Modelle aus, die wirklich notwendig sind, und verschlanken unsere Modelle falls möglich. Dies dient dem Datenschutz, der Laufzeit und dem geringeren Ressourcenverbrauch." [56]

Wahrung Privatsphäre und Datenschutz
Die Wahrung der Privatsphäre und des Datenschutzes wird als weitere Kategorie verstanden, die den Schutz von Nutzerdaten und der Privatsphäre fokussiert. Konkretisiert werden diese Bemühungen u. a. durch folgende Maßnahmen:

- Testen und Trainieren der KI nur mit künstlichen/anonymen Datensätzen
- Gelegenheit zur Mitteilung und Zustimmung/Kontrolle über die Daten
- Datenminimalismus
- Einhaltung von datenschutzrechtlichen Bestimmungen als Grundlage für den Umgang mit Daten
- Prüfung, wer auf welche Daten zugreifen darf/Prüfung von Dritten
- Einsatz von Technologien, die die Privatsphäre fördern
- Speicherbegrenzung
- Privacy by design
- Stärkung des Bewusstseins für Datenschutz bei den Mitarbeitenden
- Governance
- Datenschutzprinzipien

Stichwörter

- Datenschutz
- Datensicherheit
- Schutz von Kunden/Nutzerdaten
- Privatsphäre
- Datenmanagement
- Sichere Datenspeicherung

Beispielzitat

> „*AI should respect users' expectations of privacy and security. Privacy and security principles should be incorporated in the design, development and use of AI. Users should be permitted to opt in or out of sharing personally identifiable data, and data governance mechanisms should guarantee full compliance with data protection and applicable privacy elections.*" [14]

Gewährleistung des Vorrangs des menschlichen Handelns/Kontrolle durch den Menschen

In dieser Kategorie sind drei detailliertere Perspektiven zu erkennen: Erstens sind KI-Systeme immer durch Menschen zu überwachen, sodass diese durchgehend die Kontrolle über die Systeme haben bzw. zu jederzeit eingreifen können. Zweitens haben die Kunden bzw. Nutzenden weiterhin Kontrolle über ihre Daten und den Einsatz KI-basierter Produkte. Drittens fokussieren die in dieser Kategorie zusammengefassten Leitlinien auch darauf, dass KI-Systeme die Arbeit des Menschen bzw. sein Handeln nicht ersetzen, sondern ergänzen sollen. Explizit berücksichtigt wurde weiterhin die Formulierung der „Autonomie" und „Selbstbestimmung" des Menschen. Dies wird unter der Formulierung der „Selbstbestimmung" und Autonomie des Menschen berücksichtigt.

Stichwörter

- Vorrang des menschlichen Handelns
- Überwachung durch den Menschen/Menschliche Aufsicht
- Kontrolle durch den Menschen (über Daten, Nutzung von KI-basierten Produkten)
- Mensch soll nicht ersetzt werden, Ergänzung → Arbeit des Menschen weiterhin im Mittelpunkt
- Eingriff durch den Menschen
- Autonomie

Beispielzitat

„Human oversight"

„AI systems should be used to augment human capabilities and processes should at all times remain within human direction and control." [63]

Governance

In einer weiteren Kategorie kann die für den Einsatz von KI-Systemen notwendige Governance subsumiert werden. Hierbei geht es darum, dass alle Prozesse, die mit dem KI-System in Verbindung stehen, gesteuert und reguliert werden. So kommunizieren die Unternehmen u. a., was durch die Einführung einer Governance erreicht werden soll. Beispielsweise sollen durch Governance ethische Richtlinien befolgt werden oder auch nachteilige Folgen antizipiert und abgemildert werden. Eine spezifische Form der Governance ergibt sich zudem in der Einführung einer Daten-Governance, wodurch Datenschutz erreicht werden soll.

Stichwörter

- Steuerung
- Governance (framework)
- Es wird deutlich, dass es interne Prozesse gibt (allgemeine, nicht nur auf Datenschutz o.ä. bezogen)
- Führung

Beispielzitat

„Alibaba has proposed an AI governance framework to fight against the inappropriate use of AI." [72]

Ethik

Die Kategorie Ethik fasst Leitlinien zusammen, die die Einhaltung von ethischen Grundsätzen betonen und einen ethischen Umgang mit KI anstreben. Einige Unternehmen haben Strukturen geschaffen, um einen ethischen Umgang mit KI zu gewährleisten.

So haben manche Unternehmen einen KI-Ethikrat eingerichtet oder geben an, mit KI-Ethik-Expertenschaften bzw. einem externen KI-Ethik-Beratungsgremium und anderen Institutionen im Austausch zu stehen und sich im Bereich der Ethik zu engagieren.

Stichwörter

- Ethik
- Ethische Verantwortung
- KI-Ethikrat/KI-Ethik-Beratungsgremium
- Ethische Grundsätze
- Ethische Aspekte
- Ethische Probleme und Grenzsituationen

Beispielzitat

> *„Spark will take a responsible and ethical approach to the design and operation of AI technologies."* [71]

Verantwortungsbewusster Umgang mit KI

In dieser Kategorie werden Leitlinien bzw. Aussagen subsumiert, – im Gegensatz zu der Kategorie „Rechenschaft und Verantwortung", die auf die Festlegung von konkreten Verantwortungsbereichen beziehungsweise der Bekennung von Verantwortung und Rechenschaft fokussiert – einen verantwortungsvollen- oder verantwortungsbewussten Einsatz, Entwicklung und Umgang mit KI postulieren. Dies wird deutlich, da der Begriff der „Responsibility" häufig als Überschrift fungiert, worunter andere Leitlinien subsumiert sind.

Stichwörter

- Verantwortungsvoll
- Verantwortlich
- Verantwortungsvoller Einsatz und Nutzung von neuen Technologien/KI
- Fürsorge
- Sorgfalt

Beispielzitat

> *„We will use data and AI responsibly and for the good of our customers."* [55]

Vertrauen

Die Kategorie „Vertrauen" beinhaltet Formulierungen, die das Ziel haben, eine vertrauenswürdige KI zu implementieren. Eine vertrauenswürdige KI soll auf unterschiedliche Art und Weise hergestellt werden, beispielsweise durch Transparenz, Datenschutz und die Einhaltung der Grundrechte.

Stichwörter

- Vertrauen
- Vertrauensvoll
- Vertrauenswürdig

Beispielzitat

„Vertrauen gehört zu den Grundwerten unseres Unternehmens. Wir haben den Anspruch, vertrauenswürdige KI-Produkte zu entwickeln.“ [8]

6.5 Fazit und Ausblick

Die in diesem Artikel durchgeführte Analyse von Leitlinien zum Umgang mit künstlicher Intelligenz in Unternehmen basiert auf den Gütekriterien wissenschaftlicher Forschung (u. a. [47]). Wie dargestellt ist die systematische Literaturanalyse regelgeleitet nach dem methodischen Vorgehen von Randolph (2009) erfolgt. Dabei sind die Konzeption, Durchführung und Auswertung der Datenerhebung nachvollziehbar und transparent dargestellt und dokumentiert. Die Analyse des Materials ist in einem zweistufigen Verfahren erfolgt, indem mehrere wissenschaftliche Expertisen eingebunden worden sind, um durch diese Intersubjektivität einen hohen Grad an Objektivität zu erreichen. Zudem ist versucht worden, die dargestellten Ergebnisse und Interpretationen nachvollziehbar darzustellen und schlüssig zu begründen, um auch eine argumentative Absicherung zu garantieren. Um die Relevanz der identifizierten Themencluster zu bestimmen, bietet es sich an, die Ergebnisse zu quantifizieren. Hierzu wird überprüft, welche Kategorien, in diesem Fall also die Leitlinien, die meisten Zuordnungen haben (Abb. 6.1).

Insgesamt wird deutlich: Alle analysierten Unternehmen betonen insbesondere ein transparentes Vorgehen: Prozesse, Vorgehensweisen und Risiken von KI sollen transparent kommuniziert werden. Zudem sollen Kundschaft und Nutzende immer darüber Bescheid wissen, wenn sie mit einer KI interagieren und wenn diese ihre Daten verwendet. Einige Unternehmen beziehen ihre Zielgruppe und Stakeholder aktiv in verschiedene Prozesse mit ein und fragen beispielsweise nach Feedback. Ebenfalls sehr umfangreich verankert ist die Beachtung von Vielfalt und Nicht-Diskriminierung. Im Vordergrund steht hierbei die Berücksichtigung der gesellschaftlichen Vielfalt in den Datensätzen, die Achtung der menschlichen Würde sowie die gezielte Förderung von Vielfalt und Chancengleichheit durch KI. Die Einhaltung von Sicherheitsstandards sowie die Implementierung und Durchführung von Maßnahmen, um die Sicherheit von KI-Systemen zu gewährleisten und unerwünschte Folgen zu verhindern, sind auch Prinzipien, die häufig als Leitlinie verankert sind. Die Wahrung von Privatsphäre und Datenschutz ist auch bei einer Vielzahl der analysierten Unternehmen in ihren Leitlinien verankert. Bei dem Einsatz von KI-Systemen soll verantwortungsvoll mit den Daten von Menschen umgegangen werden, beispielsweise

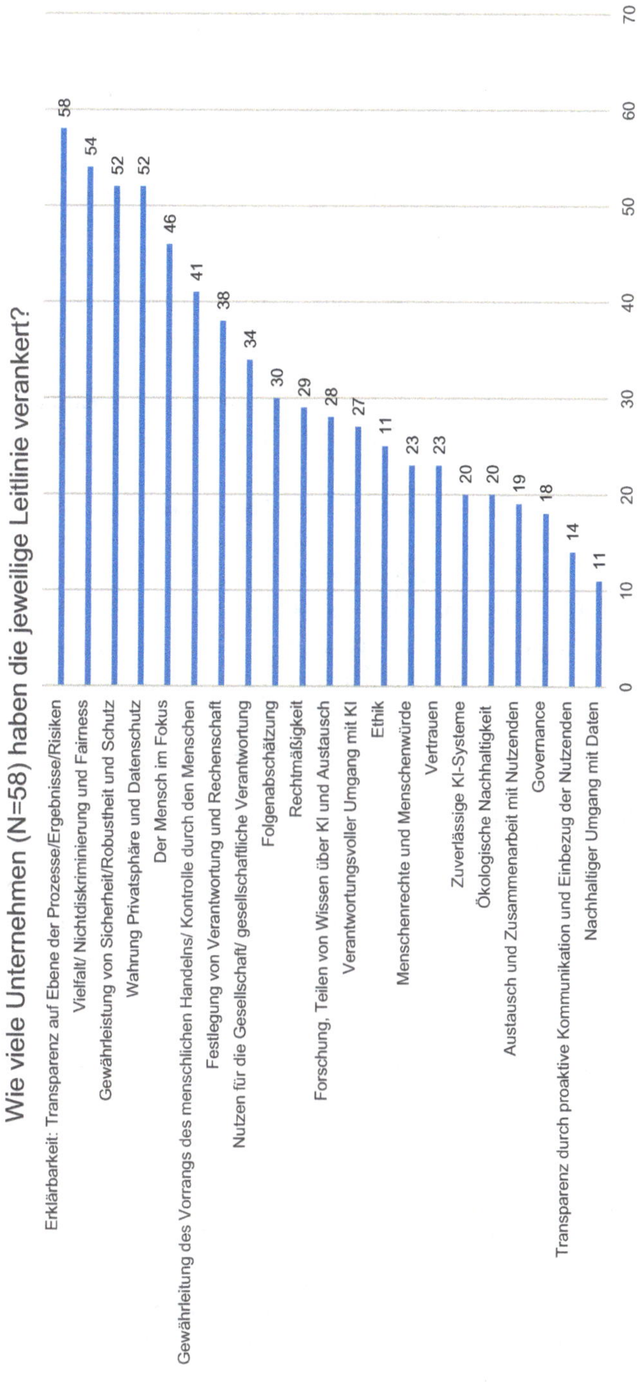

Abb. 6.1 Anzahl absoluter Nennungen der Kategorie (Quelle: Eigene Darstellung)

indem Datenschutzprüfungsprozesse implementiert und die KI zunächst nur mit künstlichen Datensätzen trainiert wird. Bei 46 (der 58 untersuchten) Unternehmen wird weiterhin explizit eine Menschenzentrierung in den Leitlinien formuliert. Hieraus geht hervor, dass der Mensch beim Einsatz von KI-Systemen immer im Fokus steht. Der Mensch soll von der KI profitieren, einen Nutzen durch diese erhalten und steht bei allen Überlegungen hinsichtlich des KI-Systems im Mittelpunkt. Bei 41 der analysierten Unternehmen wird neben den bereits genannten Leitlinien außerdem der Vorrang des menschlichen Handelns und die Kontrolle durch den Menschen explizit hervorgehoben, um zu verdeutlichen, dass der Mensch immer die Kontrolle über ein KI-System behält und diese steuern kann.

38 Unternehmen verankern in ihren Leitlinien, dass Verantwortlichkeiten in ihrem Unternehmen z. B. für einzelne Prozesse des KI-Systems festgelegt werden sollen und sie als Unternehmen rechenschaftspflichtig sind.

34 von 58 Unternehmen betonen zudem, dass sie einen gesellschaftlichen Nutzen durch KI-Systemen generieren und ihrer gesellschaftlichen Verantwortung gerecht werden wollen.

Seltener in den Leitlinien formuliert sind die Verankerung der Folgenabschätzung, die Einhaltung von Recht und Gesetz, das Teilen von Wissen über KI-Systeme und der Austausch mit anderen, die explizite Nennung eines generell verantwortlichen Umgangs mit KI-Systemen sowie des Umstandes, dass ethischen Grundsätze beachtet werden.

Die Einführung einer Governance, die Schaffung von Transparenz durch proaktive Kommunikation sowie ein nachhaltiger Umgang mit Daten werden selten formuliert und scheinen eine eher untergeordnete Rolle zu spielen.

Die dargestellten Ergebnisse können für Organisationen, die sich mit der Einführung von KI-basierten Arbeitssystemen beschäftigen, im Sinne eines Benchmarks hilfreich sein. So wird durch die Analyse deutlich, welche Themenfelder für andere Organisationen so relevant sind, dass diese expliziert werden.

Hierbei sei aber betont, dass die Leitlinien häufig abstrakt formuliert sind. Eng damit verbunden ist eine fehlende einheitliche Verwendung von Begrifflichkeiten (z. B. Robustheit). Dieser Umstand lässt die Frage aufwerfen, wie diese Leitlinien in der Organisation erarbeitet, formuliert und dokumentiert worden sind. Handelt es sich hier also um Leitlinien, die partizipativ bzw. übergreifend entwickelt worden sind oder um eine Maßnahme der Öffentlichkeitsarbeit. Das also im Bereich der Leitlinien am häufigsten genannte Kriterium der Transparenz wird nur unzureichend mit dem Bezug auf die Kommunikation der Leitlinien beachtet. Hier scheint insbesondere Verbesserungspotenzial zu bestehen.

Literatur

1. Adobe (n. d.), „Adobe's Commitment to AI Ethics", available at: https://www.adobe.com/content/dam/cc/en/ai-ethics/pdfs/Adobe-AI-Ethics-Principles.pdf (accessed 20 November 2023).

2. APA (2023), "Leitlinie zum Umgang mit künstlicher Intelligenz", available at: https://apa.at/wp-content/uploads/2023/07/Leitlinie-zum-Umgang-mit-kuenstlicher-Intelligent-2023-2.pdf (accessed 20 November 2023).
3. AstraZeneca (n. d.), "AstraZeneca data and AI ethics", available at: https://www.astrazeneca.com/sustainability/ethics-and-transparency/data-and-ai-ethics.html (accessed 20 November 2023).
4. Barton, M.-C. and Pöppelbuß, J. (2022), "Prinzipien für die ethische Nutzung künstlicher Intelligenz", *HMD Praxis der Wirtschaftsinformatik*, Vol. 59, pp.468–481. https://doi.org/10.1365/s40702-022-00850-3
5. Bedford-Strohm, J., Köppen, U. and Schneider, C. (2020), „Unsere KI-Richtlinien im Bayerischen Rundfunk", available at: https://www.br.de/extra/ai-automation-lab/ki-ethik-100.html (accessed 15 November 2023).
6. Berger, P. and von Garrel, J. (2022), „Nutzenbasierte Preisgestaltung kooperativer KI-basierter Software in produzierenden Unternehmen – Eine empirische Untersuchung KI-basierter Geschäftsmodelle", in Demmler, D., Krupka, D. and Federrath, H. (Ed.s), *INFORMATIK 2022*, Gesellschaft für Informatik, Bonn, pp. 307–321. https://doi.org/10.18420/INF2022_28
7. BMW Group (2020), "Sieben Grundsätze für KI: BMW Group legt Ethik-Kodex für den Einsatz von Künstlicher Intelligenz fest.", available at: https://www.press.bmwgroup.com/deutschland/article/detail/T0318411DE/sieben-grundsaetze-fuer-ki:-bmw-group-legt-ethik-kodex-fuer-den-einsatz-von-kuenstlicher-intelligenz-fest?language=de (accessed 20 November 2023).
8. Bosch (n. d.), "KI-Kodex. Bosch gibt sich Leitlinien für den Umgang mit Künstlicher Intelligenz", available at: https://www.bosch.com/de/stories/ethische-leitlinien-fuer-kuenstliche-intelligenz/#:~:text=Die%20Maxime%20des%20KI%2DKodex,Welt%20zum%20wesentlichen%20Qualitätsmerkmal%20wird (accessed 20 November 2023).
9. Boston Consulting Group (2022), "AI Code of Conduct", available at: https://media-publications.bcg.com/AI-Code-of-Conduct.pdf (accessed 20 November 2023).
10. Brandt, M. (2023), „Wie lange brauchen Online-Dienste, um eine Million Menschen zu erreichen", available at: https://de.statista.com/infografik/29195/zeitraum-den-online-dienste-gebraucht-haben-um-eine-million-nutzer-zu-erreichen/ (accessed 04 December 2023).
11. Buxmann, P. and Schmidt, H. (2021), „Grundlagen der Künstlichen Intelligenz und des Maschinellen Lernens", Buxmann P. and Schmidt, H. (Eds.), *Künstliche Intelligenz. Mit Algorithmen zum wirtschaftlichen Erfolg*, Springer Gabler, Berlin, Heidelberg, pp. 3–25. https://doi.org/10.1007/978-3-662-61794-6
12. Capgemini (2021), "Our Code of Ethics for AI", available at: https://www.capgemini.com/wp-content/uploads/2021/03/Capgemini_Code_of_Ethics_for_AI_2021_EN.pdf (accessed 20 November 2023).
13. Cisco (n. d.), "The Cisco Responsible AI Framework", available at: https://www.cisco.com/c/dam/en_us/about/ng_business/trust-center/docs/cisco-responsible-artificial-intelligence-framework.pdf (accessed 20 November 2023).
14. Dell Technologies (2022), "Dell Technologies Principles for Ethical Artificial Intelligence", available at: https://www.delltechnologies.com/asset/en-us/solutions/business-solutions/briefs-summaries/principles-for-ethical-ai.pdf (accessed 20 November 2023).
15. Die Bundesregierung (2024): Einheitliche Regeln für Künstliche Intelligenz in der EU. AI Act verabschiedet. Berlin. Online verfügbar unter https://www.bundesregierung.de/breg-de/aktuelles/ai-act-2285944.
16. Dropbox (n. d.), "KI-Prinzipien von Dropbox", available at: https://www.dropbox.com/de/ai-principles (accessed 20 November 2023).

17. European Comission (2021), “Proposal for a REGULATION OF THE EUROPEAN PARLIAMENT AND OF THE COUNCIL LAYING DOWN HARMONISED RULES ON ARTIFICIAL INTELLIGENCE (ARTIFICIAL INTELLIGENCE ACT) AND AMENDING CERTAIN UNION LEGISLATIVE ACTS”, available at: https://eur-lex.europa.eu/legal-content/EN/TXT/?uri=CELEX:52021PC0206 (accessed: 17 November 2023).
18. European Parliament (2023), “EU AI Act: first regulation on artificial intelligence”, available at: https://www.europarl.europa.eu/news/en/headlines/society/20230601STO93804/eu-ai-act-first-regulation-on-artificial-intelligence (accessed: 16 November 2023).
19. Fink, A. (2020), Conducting Research Literature Reviews: from the Internet to Paper, Sage, Los Angeles.
20. Fjeld, J., Achten, N., Hilligoss, H., Nagy, A.C. and Srikumar, M. (2020), “Principled Artificial Intelligence: Mapping Consensus in Ethical and Rights-Based Approaches to Principles for AI”, *Berkman Klein Center*, Vol. 2020-1. https://doi.org/10.2139/ssrn.3518482
21. Fujitsu (2019), “Fujitsu Group AI Commitment”, available at: https://www.fujitsu.com/global/imagesgig5/20190313-01a.pdf (accessed 20 November 2023).
22. Fulde, V. (2018), „Leitlinien für Künstliche Intelligenz“, available at: https://www.telekom.com/de/konzern/digitale-verantwortung/details/ki-leitlinien-der-telekom-523904 (accessed 20 November 2023).
23. Gates, B (2023), “The age of AI has begun”, available at: https://www.gatesnotes.com/The-Age-of-AI-Has-Begun (accessed 15 November 2023).
24. Generali (n. d.), “Generali Trustworthy AI”, available at: https://www.generali.com/investors/Strategy/data-manifesto-and-generali-trustworthy-ai/Generali-trustworthy-ai (accessed 20 November 2023).
25. Google AI (n. d.), “Responsibility: Our principles”, available at: https://ai.google/responsibility/principles/ (accessed 17 November 2023).
26. Google DeepMind (n. d.), “OUR MISSION. Build AI responsibly to benefit humanity”, available at: https://deepmind.google/about/ (accessed 20 November 2023).
27. Hagendorff, T. (2020), “The Ethics of AI Ethics: an Evaluation of Guidelines”, *Minds & Machines*, Vol. 30, pp. 99–120. https://doi.org/10.1007/s11023-020-09517-8
28. Herm, L-V., Janiesch, C. and Fucks, P. (2022), “Der Einfluss von menschlichen Denkmustern auf künstliche Intelligenz – Eine strukturierte Untersuchung von kognitiven Verzerrungen“, *HMD Praxis der Wirtschaftsinformatik*, Vol. 59, pp. 556–571. https://doi.org/10.1365/s40702-022-00844-1
29. Hickok, M. (2021), “Lessons learned from AI ethics principles for future actions”, *AI Ethics*, Vol. 1, pp. 41–47. https://doi.org/10.1007/s43681-020-00008-1
30. High-Level Expert Group on Artificial Intelligence (2019a), „A definition of AI: main capabilities and scientific disciplines“, available at: https://www.aepd.es/sites/default/files/2019-09/ai-definition.pdf (accessed 16 November 2023).
31. High-Level Expert Group on Artificial Intelligence (2019b), “Ethics guidelines for trustworthy AI”, available at: https://digital-strategy.ec.europa.eu/en/library/ethics-guidelines-trustworthy-ai (accessed 04 December 2023).
32. Hofmann, G. (2018), “SAP gründet als erstes europäisches Technologieunternehmen Ethik-Beirat für künstliche Intelligenz“, available at: http://blog.ethisch-oekologisches-rating.org/sap-mit-ethikbeirat/2/ (accessed 20 November 2023).
33. Honma, Y. (2019), “NTT DATA Group’s AI Guidelines”, available at: https://www.nttdata.com/global/en/about-us/ai-guidelines (accessed 20 November 2023).
34. HSBC (n. d.), “HSBC’s Principles for the Ethical Use of Data and AI”, available at: https://www.hsbc.com/-/files/hsbc/our-approach/risk-and-responsibility/pdfs/220308-hsbc-principles-for-the-ethical-use-of-data-and-ai.pdf?download=1 (accessed 20 November 2023).

35. IBM (n. d.), „KI-Ethik“, available at: https://www.ibm.com/de-de/impact/ai-ethics (accessed 04 December 2023).
36. In A Nutshell (2023), “KI und Datenschutz – das sollten Unternehmen jetzt tun“, available at: https://www.nutshell.de/datenschutz-und-ki-guidelines-fuer-unternehmen (accessed 20 November 2023).
37. Jobin, A., Ienca, M. and Vayena, E. (2019), “The global landscape of AI ethics guidelines”, *Nature Machine Intelligence*, Vol. 1, pp. 389–399. https://doi.org/10.1038/s42256-019-0088-2
38. Jung, M. and von Garrel, J. (2021), „Mitarbeiterfreundliche Implementierung von KI-Systemen im Hinblick auf Akzeptanz und Vertrauen“, *TATuP – Zeitschrift für Technikfolgenabschätzung in Theorie und Praxis/Journal for Technology Assessment in Theory and Practice,* Vol. 30, No. 3, pp. 37–43. https://doi.org/10.14512/tatup.30.3.37
39. Juniper Networks (n. d.), “AI Innovation Principles”, available at: https://www.juniper.net/us/en/company/ai-innovation-principles.html (accessed 20 November 2023).
40. Kakao (n. d.), “AI Ethics. Creating a healthy digital culture with technology and people”, available at: https://www.kakaocorp.com/page/responsible/detail/algorithm?lang=ENG (accessed 20 November 2023).
41. Kaur, D., Uslu, S., Rittichier, K. J. and Durresi, A. (2022), “Trustworthy Artificial Intelligence: A Review”, *ACM Computing Surveys*, Vol. 55, No. 2, pp. 1–38. https://doi.org/10.1145/3491209
42. Kennedy, S. (2022), “Introducing Nokia’s 6 Pillars of Responsible AI”, available at: https://www.bell-labs.com/institute/blog/introducing-nokias-6-pillars-of-responsible-ai/ (accessed 20 November 2023).
43. Kus, B. (2023), “The Box AI Principles”, available at: https://blog.box.com/box-ai-principles (accessed 20 November 2023).
44. Larsson, S. (2020). “On the Governance of Artificial Intelligence trough Ethics Guidelines”, Asian Journal of Law and Society, Vol. 7, No. 2, pp. 437–451. https://doi.org/10.1017/als.2020.19
45. Lawit, B. and Xu, Y. (2023), “Sharing LinkedIn’s Responsible AI Principles”, available at: https://blog.linkedin.com/2023/february/22/responsible-ai-principles (accessed 20 November 2023).
46. Lufthansa Industry Solutions (n. d.), „Künstliche Intelligenz: Große Datenmengen gewinnbringend nutzen“, available at: https://www.lufthansa-industry-solutions.com/de-de/loesungen-produkte/kuenstliche-intelligenz (accessed 20 November 2023).
47. Mayring, P. (1996), *Einführung in die Qualitative Sozialforschung. Eine Anleitung zu qualitativem Denken,* Psychologie Verlags Union, Weinheim.
48. Mercedes-Benz Group (n. d.), “How Mercedes-Benz Uses Artificial Intelligence (AI). Two Letters and Four Principles.”, available at: https://group.mercedes-benz.com/responsibility/compliance/digital/ki-guidelines.html (accessed 20 November 2023).
49. Merck (n. d.), “Code. Code of Digital Ethics”, available at: https://www.merckgroup.com/company/responsibility/us/products-businesses/CoDE-Code_of_Digital_Ethics.pdf (accessed 20 November 2023).
50. Microsoft (n. d.), „Microsoft Responsible AI in der Praxis“, available at: https://www.microsoft.com/de-de/ai/responsible-ai?activetab=pivot1:primaryr6 (accessed 20 November 2023).
51. Mitsubishi Electric Corporation (2021), “Mitsubishi Electric Establishes New AI Ethics Policy“, available at: https://emea.mitsubishielectric.com/en/news/releases/global/2021/1215-a/pdf/211215-a_3467_en_g.pdf (accessed 20 November 2023).
52. Moore, T. (2019), “Artificial Intelligence at AT&T: Our Guiding Principles”, available at: https://about.att.com/innovationblog/2019/05/our_guiding_principles.html (accessed 20 November 2023).

53. NEC (2019), "NEC Group AI and Human Rights Principles", available at: https://www.nec.co.nz/wp-content/uploads/2019/06/NEC-Group-AI-and-Human-Rights-Principles.pdf (accessed 20 November 2023).
54. Novartis (n. d.), "Our commitment to ethical and responsible use of AI", available at: https://www.novartis.com/about/strategy/data-and-digital/artificial-intelligence/our-commitment-ethical-and-responsible-use-ai (accessed 20 November 2023).
55. OP (n. d.), "OP Financial Group's ethical guidelines for artificial intelligence", available at: https://www.op.fi/documents/20556/63695/Tekoälyn+eettiset+periaatteet+EN/870b1f83-37bb-6013-f2b5-976d6d49aa85 (accessed 20 November 2023).
56. OSP (n. d.), "KI-Leitlinien. Responsible Commerce", available at: https://www.osp.de/ueber-uns/ki-leitlinien (accessed 20 November 2023).
57. Penagos, M., Vosloo, S. and Pauwels, E. (2021), "H&M Group", working paper, UNICEF, October 2021. https://www.unicef.org/globalinsight/media/2196/file#:~:text=The%20H%26M%20Group's%20AI%20products,figure%201%20and%20table%201.
58. Pfizer (n. d.), "Three Principles of Responsibility for Artificial Intelligence (AI) in Healthcare", available at: https://www.pfizer.com/news/articles/three_principles_of_responsibility_for_artificial_intelligence_ai_in_healthcare (accessed 20 November 2023).
59. Philips (n. d.), "Philips AI Principles", available at: https://www.philips.com/a-w/about/artificial-intelligence/philips-ai-principles.html (accessed 20 November 2023).
60. Philomin, V. and Hallinan, P. (2022), "Introducing AWS AI Service Cards: A new resource to enhance transparency and advance responsible AI", available at: https://aws.amazon.com/de/blogs/machine-learning/introducing-aws-ai-service-cards-a-new-resource-to-enhance-transparency-and-advance-responsible-ai/ (accessed 20 November 2023).
61. Presenti, J. (2021), "Facebook's five pillars of Responsible AI", available at: https://ai.meta.com/blog/facebooks-five-pillars-of-responsible-ai/ (accessed 20 November 2023).
62. Randolph, J. (2009), "A Guide to Writing the Dissertation Literature Review", *Practical Assessment, Research, and Evaluation*, Vol. 14, No.13. https://doi.org/10.7275/b0az-8t74
63. Randstad (2019), "artificial intelligence principles", available at: https://www.randstad.com/s3fs-media/rscom/public/2021-07/randstad-global-ai-principles.pdf (accessed 20 November 2023).
64. RELX (2022), "Responsible Artificial Intelligence Principles at RELX", available at: https://www.relx.com/~/media/Files/R/RELX-Group/documents/responsibility/download-center/relx-responsible-ai-principles-0622.pdf (accessed 20 November 2023).
65. REWE DIGITAL (n. d.), "AI MANIFESTO", available at: https://ai-manifesto.rewe-digital.com/de/ (accessed 20 November 2023).
66. Salesforce AI Research (n. d.), "Trusted AI", available at: https://www.salesforceairesearch.com/trusted-ai (accessed 20 November 2023).
67. Samsung (2023), „Principles of AI Ethics", available at: https://www.samsung.com/global/sustainability/popup/popup_doc/AYUqlgkqCtQAIx_C/ (accessed 20 November 2023).
68. SAP (n. d.), „KI-Ethik", available at: https://www.sap.com/germany/products/artificial-intelligence/ai-ethics.html (accessed 20 November 2023).
69. Siemens (2020), "Responsible AI – Transparency, Bias, and Responsibility in the Age of Trustworthy Artificial Intelligence", available at: https://blog.siemens.com/2020/11/responsible-ai-transparency-bias-and-responsibility-in-the-age-of-trustworthy-artificial-intelligence/ (accessed 20 November 2023).
70. Sony (n. d.), "Sony Group's Initiatives for Responsible AI", available at: https://www.sony.com/en/SonyInfo/sony_ai/responsible_ai.html (accessed 20 November 2023).

71. Spark (2022), "Spark's Artificial Intelligence Principles", available at: https://www.sparknz.co.nz/content/dam/SparkNZ/pdf-documents/governance/Spark%20AI%20Principles%20V1.pdf (accessed 20 November 2023).
72. Staff, A. (2022), "Alibaba's CTO On Everything You Wanted To Know About AI Ethics", available at: https://www.alibabacloud.com/blog/alibaba's-cto-on-everything-you-wanted-to-know-about-ai-ethics_599364 (accessed 20 November 2023).
73. statworx (n. d.), „statworx KI-Prinzipien", available at: https://www.statworx.com/ki-prinzipien/#:~:text=Unsere%20KI%2DPrinzipien%20dienen%20uns,an%20identifiziert%20und%20minimiert%20werden (accessed 20 November 2023).
74. Sudmann, A. (2020), "Künstliche neuronale Netzwerke als Black Box: Verfahren der Explainable AI. Medienwissenschaftliche Perspektiven", Klimczak, P., Petersen, C. and Schilling, S. (Ed.s), *Maschinen der Kommunikation. Interdisziplinäre Perspektiven auf Technik und Gesellschaft im digitalen Zeitalter*, Springer Vieweg, Wiesbaden, pp. 189–199. https://doi.org/10.1007/978-3-658-27852-6_10
75. TechExperts (2022), "AI ethics: the moral and ethical implications of using artificial intelligence", available at: https://community.hpe.com/t5/tech-insights/ai-ethics-the-moral-and-ethical-implications-of-using-artificial/ba-p/7163353 (accessed 20 November 2023).
76. Telefonica (2018), "AI Principles of Telefonica", available at: https://www.telefonica.com/en/wp-content/uploads/sites/7/2021/11/principios-ai-eng-2018.pdf (accessed 17 November 2023).
77. Telia Company (n. d.), "AI ethics", available at: https://www.teliacompany.com/en/articles/ai-ethics#1.-responsible-and-value-centric (accessed 17 November 2023).
78. Thomson Reuters (n. d.), "AI @ THOMSON REUTERS. Data and AI ethics principles", available at: https://www.thomsonreuters.com/en/artificial-intelligence/ai-principles.html (accessed 20 November 2023).
79. Tietoevry (2018), "Tieto strengthens commitment to ethical use of AI", available at: https://www.tietoevry.com/en/newsroom/all-news-and-releases/press-releases/2018/10/tieto-strengthens-commitment-to-ethical-use-of-ai/ (accessed 20 November 2023).
80. Trindel, K. (2022), "Workday's Continued Diligence to Ethical AI and ML Trust", available at: https://blog.workday.com/en-us/2022/workdays-continued-diligence-ethical-ai-and-ml-trust.html (accessed 20 November 2023).
81. Unity Technologies (2018), "Introducing Unity's Guiding Principles for Ethical AI", available at: https://blog.unity.com/engine-platform/introducing-unitys-guiding-principles-for-ethical-ai (accessed 20 November 2023).
82. Von Eschenbach, W.J. (2021), „Transparency and the Black Box Problem: Why We Do Not Trust AI", *Philosophy & Technology*, Vol. 34, pp. 1607–1622. https://doi.org/10.1007/s13347-021-00477-0
83. Von Garrel, J.; Jahn, C. and Schröter, D. (2022), „Der Einsatz Künstlicher Intelligenz in produzierenden Unternehmen: Eine Morphologie industrieller, KI-basierter Arbeitssysteme", *Zeitschrift für wirtschaftlichen Fabrikbetrieb*, Vol. 117 No. 2, pp. 338–343. https://doi.org/10.1515/zwf-2022-1051
84. Von Garrel, J., Mayer, J. and Mühlfeld, M. (2023), "Künstliche Intelligenz im Studium. Eine quantitative Befragung von Studierenden zur Nutzung von ChatGPT & Co", working paper, Hochschule Darmstadt University of Applied Sciences, Darmstadt, 28 June. https://doi.org/10.48444/h_docs-pub-395
85. Wittpahl, V (2019), „Vorwort", Wittpahl, V. (Ed.), *Künstliche Intelligenz. Technologien | Anwendungen | Gesellschaft*, Springer Vieweg, Berlin, Heidelberg, pp. 7–11. https://doi.org/10.1007/978-3-662-58042-4

Teil III
Fallstudien

Fallstudien

7

Jörg von Garrel und Alexandra Wagner

Zusammenfassung

Dieses Kapitel gewährt anhand konkreter Fallstudien Einblicke in reale Praxiserfahrungen bei der Entwicklung und Umsetzung KI-basierter (Service-)Geschäftsmodelle. Dabei zeigen die anonymisierten Interviews auf, welche Herausforderungen bestanden, aber auch, welche Potenziale die Umsetzung begünstigen konnten oder sich im Nachgang zeigten. Damit bieten die illustrierten Beiträge praktische Einblicke wie auch Erkenntnisse für mittelständische Unternehmen auf ihrem Innovationsweg. Für die journalistischen Features konnten Unternehmen unterschiedlicher Größe und Branchen gewonnen werden.

7.1 Vertrauen in die Vision: KI im vorausschauenden Service-Management – Ein Bericht über die Erfahrungen des Geschäftsführers eines Herstellers für Prüfmaschinen

7.1.1 Die Notwendigkeit einer Neuorientierung

Das Industrieunternehmen entwickelt und produziert seit mehreren Jahrzehnten Prüfmaschinen und hat sich zu einem international anerkannten Hersteller etabliert. Es ist jedoch zu erwarten, dass die reinen Maschinen-Umsätze zukünftig stagnieren werden – so lautet die Prognose des Geschäftsführers. Im Rahmen dieses Berichts wird er Herr Gepf genannt, kurz für Geschäftsführer eines Prüfmaschinenherstellers. Um langfristig den

J. von Garrel (✉) · A. Wagner
Hochschule Darmstadt, Darmstadt, Deutschland
E-Mail: joerg.vongarrel@h-da.de

J. von Garrel und S. Thomas (Hrsg.), *Künstliche Intelligenz im produzierenden Mittelstand*, https://doi.org/10.1007/978-3-658-49275-5_7

Erfolg des Unternehmens zu sichern, sollen die Service-Umsätze steigen. Dazu arbeitet Gepf mit einer Projektgruppe an einem KI-basierten Geschäftsmodell mit dem Fokus auf ein vorausschauendes Service-Management.

Um Wachstum zukünftig über Service-Umsätze zu generieren, sei es weder zielführend noch kosteneffizient, dass Service-Techniker *„irgendwo auf einer Autobahn Deutschlands dann unterwegs"* sind. Ziel ist es, dass der Kunde über die Einsatzdauer der Maschine entsprechende Meldungen bekommt, damit er proaktiv in die Maschine eingreifen kann und zum Beispiel mitgeteilt bekommt, wann ein Ersatzteilpaket oder eine Wartung notwendig ist.

Im Rahmen von Condition Monitoring und Predictive Maintenance werden Maschinen-Daten überwacht und ausgelesen, um Aussagen und Vorhersagen über den Zustand der Prüfmaschinen über einen bestimmten Zeitraum zu treffen. Hinsichtlich einer vorausschauenden Wartung und Pflege des Systems schafft das Unternehmen mit den bisher erfassten Sensordaten eine Basis für die Entwicklung einer KI. Das Unternehmen verbündet sich im nächsten Schritt mit einem externen Partner, der die erhobene Datenbasis auslesen und mit entsprechender Expertise zu einer KI weiterverarbeiten kann.

7.1.2 Digitale Affinität als Schlüsselkompetenz

Vor Beginn des Projekts konnte sich Gepf noch nicht vorstellen, wie Daten für ein KI-Modell aufbereitet und weiterverwendet werden können. *„Da waren wir noch völlig blank […] recht blauäugig […] noch nicht vorbereitet."* Auch heute ist im Unternehmen noch nicht klar, welche Daten im Endeffekt benötigt werden, um eine Relevanz herauszufiltern. Es wurden bewusst mehr Daten aufgenommen und mehr Maschinenzustände beobachtet – ob die Menge an Daten und Messpunkten überhaupt notwendig ist, wird sich noch zeigen.

Gepf spricht davon, dass das Unternehmen in den letzten zehn Jahren eine hohe digitale Affinität entwickelt hat, indem immer wieder Software-Systeme für einzelne Prozesse oder Abteilungen implementiert wurden und darüber hinaus auch für Kunden Software-Lösungen angeboten wurden. Digitale Systeme haben das tägliche Arbeiten deutlich vereinfacht und die Motivation sowie das Vertrauen der Mitarbeitenden in digitale Lösungen gestärkt.

> *„Man braucht Leute, die eine hohe digitale Affinität haben, die auch eine hohe Affinität haben für technische Neuerungen und natürlich nicht nach dem Prinzip leben […]: Früher war alles besser."*

Nach zehn Jahren vermehrtem Einsatz in der Digitalisierung erhielt das Unternehmen vor kurzem eine Auszeichnung als digitalaffines Unternehmen, was laut Gepf intern für Euphorie und ein höheres Selbstbewusstsein sorgte.

7.1.3 Alle ziehen an einem Strang

Teamgeist und das gemeinsame Arbeiten an einer Vision sind laut Gepf Grundpfeiler für eine erfolgreiche Umsetzung von innovativen Projekten. Dass Visionen gemeinsam entwickelt und auch gemeinsam vorangebracht werden, sollte kontinuierlich und authentisch vorgelebt werden. Projekte, die in der Vergangenheit erfolgreich bewältigt und abgeschlossen wurden, tragen zu einem höheren Selbstbewusstsein und Vertrauen in neue Visionen und Projekte bei. Gepf ist davon überzeugt: Wenn der praktische Nutzen eines Projekts für den Kunden und den einzelnen Mitarbeitenden sichtbar gemacht und glaubhaft dargestellt wird, dass die Innovation ein zentraler Faktor für die Überlebensfähigkeit des Unternehmens ist, *„dann ist es auch klar, dass jeder an einem Strang zieht"*.

Besonders gerne erinnert sich Gepf an Projektsitzungen, wenn das Team vor Ideen sprühte und dabei ein euphorischer Hype im Projekt entstand. Innerhalb des Unternehmens sind von der Geschäftsleitung, über IT- und Service-Leitung bis hin zur Leitung von Elektronik und Regelungstechnik fast alle Bereiche vertreten. Darüber hinaus beteiligt sich der Hersteller für Prüfmaschinen gemeinsam mit anderen Institutionen an einem Verbundprojekt zum Thema KI-basierte Geschäftsmodelle. Zum Projektstart vor ein paar Jahren war noch nicht klar gewesen, dass sie damit vollkommen am Puls der Zeit sind, berichtet Gepf.

7.1.4 Fokus auf das Wesentliche

Im Verlauf des Projekts – rät Gepf – sollte man Acht geben, sich nicht zu verzetteln oder Zeit zu investieren und Dinge zu entwickeln, die nicht elementar für die Zukunft des Unternehmens sind. Seiner Meinung nach ist es von hoher Bedeutung, im Voraus zu entscheiden, ob die KI-Implementierung intern oder von einem externen Partner durchgeführt werden sollte. Gleichsam sei es wichtig zu entscheiden, in welchem Unternehmensbereich oder bei welchen Prozessen KI konkret eingesetzt werden soll. *„Das Wichtigste ist […] die Auswahl, was will ich mit KI umsetzen und bewerkstelligen. Da muss man sich ganz klar sein. Ansonsten kann es natürlich auch so sein, dass dann so ein Projekt zum Grab wird."*

Vor dem Start eines solchen Projekts sollte klar adressiert werden, was das konkrete Ziel ist und wie es umgesetzt werden soll. Vor allem KMU seien bezüglich ihrer personellen und finanziellen Ressourcen enger gespannt als größere Unternehmen. Diese *„bieten da ihren Mitarbeitern vielleicht auch mal einen Spielplatz, wo sie sich austoben können – das ist bei kleineren, mittelständigen Unternehmen meines Erachtens nicht möglich"*, betont Gepf.

Im Moment arbeiten die Projektmitarbeitenden neben ihrem Tagesgeschäft on top an dem KI-Geschäftsmodell, was eine Herausforderung für den zeitlichen Projektablauf und die aktive Umsetzung darstellt. In Zuge dessen vertritt Gepf die Ansicht, dass KI das tägliche Arbeiten im Unternehmen zwar vereinfachen und beschleunigen kann, jedoch sieht er nicht, dass dadurch in Zukunft Arbeitsplätze abgebaut werden können. In anderen Branchen könne er allerdings nachvollziehen, dass es dahingehend Ängste und Befürchtungen gibt.

7.2 Eine gute Datenbasis: KI im autonomen Flugsystem – Ein Bericht über die Erfahrungen des Leiters für KI-Entwicklung in einem Luftfahrtunternehmen

7.2.1 Gefahren erkennen, Sicherheit schaffen

Das Hauptprodukt des Luftfahrtunternehmens ist eine autonome Flugdrohne für den Logistikbereich. Mit einer Reichweite von 100 km und einer Tragekapazität von circa fünf kg zielt das Produkt in erster Linie auf den humanitären Bereich ab. Mit kurzfristigen Lieferungen von Medikamenten kann beispielsweise die Gesundheitsinfrastruktur von abgelegenen und schwer zu erreichenden Orten unterstützt werden.

Die Führungsebene entschied sich aus strategischen Gründen dazu, intern ein eigenes KI-System zu entwickeln, dass das autonome Flugsystem vervollständigt. Das Fluggerät soll während des Fliegens in der Lage sein, selbstständig Entscheidungen zu treffen, damit es zum Beispiel anderen Flugobjekten ausweichen kann. Insbesondere während der Start- und Landephase kann es leicht zu Gefahrensituationen mit beistehenden Menschen kommen. Aus diesem Grund soll die KI in der Lage sein, ihre Umgebung zu verstehen und basierend darauf Entscheidungen zu treffen, um die Sicherheit der Drohne selbst sowie der Personen in der nahen Umgebung zu gewährleisten.

Eine hauptverantwortliche Fach- und Führungskraft wurde für die Gesamtentwicklung der Künstlichen Intelligenz im Unternehmen eingestellt. Im Rahmen dieses Berichts wird er Herr Taid genannt, kurz für Teamleiter für AI Development.

7.2.2 Herkulesaufgabe Datenbeschaffung

Die Datenbeschaffung ist für Taid die zentrale und schwierigste Aufgabe der gesamten KI-Entwicklung. Das Sammeln der Daten sei ein langwieriger Prozess und eine gute Datenqualität von entscheidender Bedeutung. Nicht nur die KI als solche muss modelliert, entworfen und angepasst werden. *„Dieses Thema, wo bekommt man die Daten her, das ist eins von den Themen […] das sehr häufig unterschätzt wird.“*

Um spezifische Prädiktionen treffen zu können, braucht die KI eine ausführliche Datenbasis, die aufwendig zu generieren ist. Kameras, die an den Drohnen befestigt sind, müssen über einen langen Zeitraum Bilder aufnehmen, die die unterschiedlichsten Landschaften und Umgebungen festhalten. Die verschiedenen Landschaftsbilder, die sich je nach Kontinent, Region und Jahreszeit unterscheiden, bilden eine Masse an Daten, die aufgrund von Einschränkungen wie den Datenschutzregelungen nicht immer leicht zu erfassen und zu verarbeiten sind.

„Wenn man den Lifecycle von KI betrachtet, dann geht […] bestimmt 60, 70, vielleicht sogar 80 Prozent der Zeit darauf, die Daten zu gewinnen, mit denen man die KI macht. Also das ist ein ganz, ganz wichtiger Punkt, der häufig vergessen wird."

Taid erinnert sich allerdings gerne an die kreativen Wege und Arten, Daten zu generieren. Beispielsweise durfte ein Werkstudent mit dem Flugzeug über einen Flughafen fliegen, um Aufnahmen aus der Luft zu machen. Ein anderes Mal führte die Dienstreise einer Kollegin auf ein Heißluftballon-Festival, um von einem Heißluftballon aus, Bilder der Landschaft zu sammeln. *„Manche Menschen bezahlen dafür Geld und bei uns wird man dafür bezahlt […]. Also das sind sicherlich die tollen oder besonders tollen Ereignisse."*

7.2.3 KI-Architekturen und Kompetenzen

Erst wenn der Prozess der Datensammlung einschließlich der DSGVO-konformen Speicherung und Aufbereitung abgeschlossen ist, kann das Team beginnen, eine Netzwerkarchitektur zu trainieren und Parameter für die Implementierung anzupassen. Geeignete KI-Architekturen werden bereits im Voraus während der Datensammlung identifiziert und theoretisch evaluiert. Um die optimalen Parameter für ein KI-Modell festzulegen, sind meist mehrere Generationszyklen notwendig. Für eine KI-Architektur muss laut Taid das Rad nicht neu erfunden werden. Es gäbe eine Vielzahl vorgefertigter Modelle, die teilweise eins zu eins verwendet werden und mit den eigenen Daten trainiert werden können.

„Es gibt viele Firmen […] die extrem gute Sachen haben und es ist keine Schande, wenn plötzlich diese Unternehmen KI-Methoden oder Anwendungen zur Verfügung stellen, die alles, was wir bisher gemacht haben, in den Schatten stellen. Das ist normal, aber dafür muss man offen sein."

In seinem Team benötigt Taid idealerweise IT-Administratoren für die IT-Infrastruktur und Datensicherheit, auf DSGVO und KI spezialisierte Juristen, Supply-Manager sowie Data Scientists. Kompetente Mitarbeitende zu finden, die zusätzlich einen Forscher-Spirit mitbringen, sei aber keine leichte Aufgabe. Wer nicht bereit ist, sein Wissensspektrum zu erweitern und sich regelmäßig fortzubilden, ist Taids Meinung nach im Bereich KI nicht richtig aufgehoben. Ohne gezielte Fördermöglichkeiten sei es grundsätzlich schwierig, fachlich konkurrenzfähig zu bleiben. Außerdem ist er davon überzeugt: *„Man braucht eine gewisse Durchhaltefähigkeit, sonst wird das nicht klappen."* Auch die Aufgabe, innerhalb des Unternehmens und beim Kunden Aufklärungsarbeit zu leisten, um beispielsweise das Budget für wichtige KI-Themen zu erhalten, erfordere Ausdauer und Überzeugungskraft.

Offenheit für Innovationen und das Überdenken bestehender Prozesse seien von zentraler Bedeutung. Nicht zuletzt, weil andere Unternehmen möglicherweise bessere Lösungen auf Lager haben.

7.2.4 Personelle und finanzielle Hürden

Die personellen und finanziellen Einstiegshürden seien im Bereich KI sehr hoch und je nachdem, was im Unternehmen angestrebt wird oder entwickelt werden soll, kommt der Return of Investment erst zu einem späten Zeitpunkt. Taid rät, darüber müsse man sich genau im Klaren sein. Die gestiegenen Stromkosten seien ein zusätzliches Hindernis für die KI-Entwicklung, da die leistungsstarken Rechner kontinuierlich laufen müssen. Auch der angespannte Arbeitsmarkt und die Gehaltsstrukturen bei KI-Entwicklern sollten nicht unterschätzt werden. *„Es gibt wenig gute KI-Entwickler, die Nachfrage danach ist sehr hoch."* Unter den Software-Entwicklern seien KI-Entwickler *„neben den Kryptologen die Sparte, die im Moment am besten verdient."* Die Nähe zu Investoren oder Fördermöglichkeiten sowie ein finanzielles Polster können hilfreich sein, um den Einstieg zu erleichtern und das Projekt am Leben zu halten.

7.3 Beispiele einer reibungslosen Implementierung: KI in simplen Use Cases – Ein Bericht über die Erfahrungen des Teamleiters für Innovation und Digitalisierung des IT-Service Dienstleisters eines großen Maschinen- und Anlagebauherstellers

7.3.1 Die Identifizierung erster Use Cases

Die IT Service GmbH, eines großen, international agierenden Industriekonzerns für Maschinen- und Anlagenbau ist für alle IT-Dienstleistungen im Unternehmen zuständig. Die Kunden sind die 18.000 Mitarbeitenden des Mutterkonzerns. Der Teamleiter in der Software-Entwicklung für Innovation und Digitalisierung, im Rahmen dieses Erfahrungsberichts wird er Tesenid genannt – beschäftigt sich mit Prozessautomatisierung und -digitalisierung mittels verschiedener Technologien wie Robotic Process Automation (RPA), Workflow-Entwicklung sowie KI-basierten Applikationen zur Automatisierung von Produkt- und Geschäftsprozessen. Als IT-Dienstleister hat das Tochterunternehmen einen Innovationscharakter und wollte sich in Richtung der Nutzung und Implementierung von KI-gestützten Algorithmen und Anwendungen weiterentwickeln. In Zuge dessen wurden zwei Entwickler eingestellt und Bedarfe im Konzern ermittelt, wobei zu Beginn die Bemühungen auf zwei Use-Cases konzentriert wurden, bei denen das größte Potenzial zur Kosteneinsparung gesehen wurde.

Zum einen fand eine Implementierung der Cognitive Services von Microsoft Azure im Bereich Transkription und Übersetzung von Schulungsvideos in verschiedene Sprachen statt, die durch eine Prozessautomatisierung Ressourcen einsparen sollte. Der zweite Use Case bezog sich auf einen wesentlichen Bestandteil des Tagesgeschäfts des IT-Dienstleisters: Die Bearbeitung von IT-verwandten Störungen oder Fehlermeldungen, die täglich in Form von „Tickets" in den User Help Desk des IT-Dienstleisters eintrudeln. Dort wurde ein KI-basiertes Klassifizierungsmodell zur automatischen Einordnung der Tickets in Lösungskategorien eingeführt.

7.3.2 Kommunikation und exploratives Vorgehen

Als Produkt-Manager und Verantwortlicher für die Outcomes von KI-Implementierungen führte Tesenid im ersten Schritt spezielle Workshops und Umfragen zur Potenzialanalyse durch. Dabei wurden für verschiedene Use Cases Anforderungen aus dem IT-Bereich berücksichtigt sowie die Entwickler und jeweiligen Fachbereiche im Unternehmen involviert. Auch wurde geprüft, ob und inwiefern die Pläne mit der gegebenen Architektur übereinstimmen und daraufhin gemeinsam eine Lösung konzipiert und umgesetzt. Tesenid betont, dass die Herangehensweise für die bisherigen KI-Implementierungen offen und explorativ war.

„Wir hatten nie wirklich einen Zeitdruck hinter den ganzen Sachen, sondern konnten da auch sehr explorativ vorgehen."

Gemeinsam mit den Entwicklern und betroffenen Stakeholdern wurden Gespräche geführt, eine Konzeption inklusive Proof of Concept aufgesetzt und zusammen in Meetings an der Umsetzung gearbeitet. Bedenken oder Ängsten vor KI-Systemen ist Tesenid dabei kaum begegnet. Bei einer aktuellen Umfrage im Konzern äußerten lediglich eine Handvoll von über 400 Befragten leichte Bedenken.

„Ich bin solchen Bedenken schon mal begegnet, aber sehe ich doch eher gering, weil die meisten Leute halt Technologie eher nutzen wollen, um ihren Alltag zu vereinfachen."

Über den Erfolg und Misserfolg einer Implementierung entscheide stark die Kommunikation und Führung in einem Unternehmen. Der IT-Dienstleister legt großen Wert auf positives Marketing der möglichen KI-Applikationen und hebt die Vorteile durch die Arbeitserleichterungen in seiner Kommunikation hervor.

7.3.3 Reibungslose Implementierung

Die bisherigen Implementierungen haben sich in erster Linie auf Arbeitserleichterungen in einem kleinen Rahmen und auf „rudimentäre“, simple Use Cases konzentriert. Der Arbeitsaufwand durch die eingehenden Tickets am User Help Desk konnte laut Tesenid deutlich reduziert werden, da nun 20 Prozent der Tickets automatisiert weitergegeben werden. Im Bereich Transkription und Übersetzung fand durch eine prozessuale Änderung im Arbeitsablauf eine leichte Umgewöhnung statt, die von den Mitarbeitenden aber ohne Probleme bewältigt wurde. Die betroffene Abteilung war von der reibungslosen Implementierung der Serviceanwendung von Microsoft Azure positiv überrascht, berichtet Tesenid. Das Unternehmen will aus diesem Grund in Zukunft weiterhin auf bereits existierende KI-Modelle und Services von großen Unternehmen zurückgreifen.

> *„Wir wollen hauptsächlich die Services und auch die Modelle von großen Unternehmen dann einfach nutzen, die die entsprechenden Daten haben und dann eigentlich nur für uns individualisieren, wenn es wirklich sinnvoll ist.“*

Es kommen bezüglich der KI-Anwendung für Transkription und Übersetzung lediglich nach und nach neue Anforderungen hinzu, die im ursprünglichen Konzept noch nicht berücksichtigt wurden. Zum Zwecke einer Optimierung werden dabei neue mögliche Use Cases identifiziert und die Erwartungen an die KI-Lösung steigen.

7.3.4 Klein anfangen

Tesenid rät anderen Unternehmen, in Bezug auf KI zunächst mit kleinen, einfachen Use Cases zu starten. Komplexe Problemstellungen forderten viel Ressourcen und Zeit. Eine schnelle, effektive Implementierung verspreche hingegen ein erstes Erfolgserlebnis. Darüber hinaus hat er Tipps, die für einen günstigen Nährboden sorgen:

> *„Es sollte eigentlich kein Zeitdruck und eine, ich sage mal relativ offene Erwartungshaltung vorhanden sein, damit man auch die Chance hat, sich zu verbessern, Sachen neu auszuprobieren.“*

Weitere Faktoren, die eine gute Implementierung begünstigten, seien eine solide Architektur des Systems sowie eine hohe Qualifikation der Entwickler. Datenschutz und Sicherheit sollten im Auge behalten werden, da das Datenschutzrecht eine Herausforderung darstellen kann. Sowohl unklare Ziele und Anforderungen als auch fehlendes Buy-In vom jeweiligen Fachbereich, d. h. fehlende Motivation oder fehlende zeitliche Ressourcen, könnten eine Implementierung hemmen oder in die Länge ziehen. Tesenid spricht der Unternehmenskultur eine wichtige Rolle zu, da diese seiner Meinung nach durch die Motivation und das Interesse der Mitarbeitenden bestimmt wird. Ein Abteilungsleiter, der sich für ein Projekt begeistere, könne die Implementierung stark vorantreiben, wohingegen ein anderer ohne Interesse das Projekt hemmen oder zum Stillstand bringen könne.

> *„Ich glaube, es kommt sehr stark auf den Charakter, auf den persönlichen Wert an. Wie offen bin ich als Person für die Themen und wie stark habe ich auch ein Interesse, das Unternehmen voranzubringen."*

7.4 „Es funktioniert immer": KI und die Analyse von Maschinendaten – Ein Bericht über die Erfahrungen des Leiters Global Sales Digital eines Anbieters für Fabrik- und Prozessautomation

7.4.1 Nichts Neues

Der Innovationstreiber für Fabrik- und Prozessautomation ist in erster Linie Hersteller und Vertreiber von Steuerungs- und Automatisierungstechnik und ist weltweit mit eigenständigen Vertriebs- und Produktionsgesellschaften vertreten. Seit ein paar Jahren werden darüber hinaus auch digitale Produkte und Lösungen entwickelt und verkauft. In zahlreichen Kunden-Projekten weltweit werden Daten aus Produktionsmaschinen ausgelesen, die mithilfe von KI-Verfahren analysiert werden, um ungeplante Stillstände zu vermeiden oder Produkteffizienz und -qualität zu optimieren. Die Kunden sind sowohl Maschinenbauer als auch produzierende Unternehmen. Ihnen entstehen durch die digitalen Komponenten direkte Vorteile wie eine höhere Maschinenlebensdauer, eine optimale Produktionsleistung und der Erhalt einer hohen Qualität der produzierten Produkte. Der Leiter Global Sales Digital beschäftigt sich mit einem Team aus IT-Fachleuten, Mathematikern und Automatisierungstechnikern mit der Datenanalyse und -modellierung mithilfe von Künstlicher Intelligenz. Er selbst ist gelernter Automatisierungstechniker. Im Rahmen dieses Berichts wird er Herr Leds genannt, kurz für Leiter der Global Sales Digital.

Leds sagt grundsätzlich: KI ist lediglich ein Werkzeug zur vorausschauenden Überwachung von Daten und beruht auf Mathematik und Statistik.

> *„Dabei werden bekannte Algorithmen und mathematische Verfahren verwendet, um Daten innerhalb der Maschine zu analysieren, ein Datenmodell zu trainieren und im Live-Betrieb Anomalien und deren Verhalten vorausschauend zu interpretieren."*

7.4.2 Partnerarbeit und Analyseverfahren

In Folge des Entschlusses, Data Analytics mithilfe von KI zu betreiben und somit einen zusätzlichen Geschäftsbereich ins Leben zu rufen, hat das Unternehmen ein Start-Up-Unternehmen mit eigenem KI-Software-Tool zugekauft. Leds‘ Tipp für zukünftige KI-Anwender ist nämlich:

> *„Mach es mit einem Partner.“*

Gerade für kleine oder mittelständische Unternehmen wäre es sehr aufwendig und ineffizient, im Bereich Data Analytics alles selbst zu machen. Die unternehmensinterne Data-Science und Software-Expertise wurden mit der extern erworbenen Toolbox des Start-Ups verwoben und daraus eine finale Lösung entwickelt.

Das genutzte Analyseverfahren verfolgt fünf Stufen: Im ersten Schritt erfolgen die Identifizierung und die Verbindung der relevanten Maschinendaten. Das Trainieren eines Datenmodells mit Rohdaten aus der Vergangenheit bildet den zweiten Schritt. Im dritten Schritt wird das Datenmodell evaluiert und optimiert. Daraufhin wird das Datenmodell mit Live-Daten aus der Maschine verglichen, was den vierten Schritt darstellt. Im finalen Schritt finden eine Klassifizierung und Bewertung der Daten statt, die Rückschlüsse auf beobachtete Anomalien und zugleich Voraussagen über die zukünftige Maschinennutzung zulassen.

Im Rahmen dieses fünfstufigen Verfahrens lassen sich ungeplante Maschinenstillstände durch vorausschauende Wartung (Predictive Maintenance) vermeiden, Ausschuss durch aufkommende Fehler im Produktionsprozess (Predictive Quality) reduzieren oder der Anstieg des Energieverbrauchs erkennen (Predictive Energy). Die Ergebnisse der KI führen allerdings nicht zu einer automatischen Rückkopplung in eine Aktorik. Der Mensch macht den nächsten Schritt, nachdem ein Wert ermittelt wurde.

> *„KI in der Produktion bzw. Automatisierungstechnik kann man als schwache KI bezeichnen, da die Analysen und Ergebnisse der KI nicht direkt eine Änderung in der Funktion einer Maschine auslösen. Die Ergebnisse werden lediglich angezeigt und es entscheidet letztlich ein Mensch, was passieren soll, zum Beispiel ob eine Wartung durchgeführt wird oder der Produktionsprozess angehalten oder angepasst wird.“*

7.4.3 White Collar versus Blue Collar

Leds lernt nach eigener Aussage, was KI angeht, jeden Tag dazu und eignet sich infolgedessen auch immer wieder neue Meinungen an. Im Moment beobachtet er eine für ihn interessante Debatte: *„Die White Collars werden eher ein Problem haben als die Blue Collars.“* Mit White Collar werden sogenannte Weißkragen bezeichnet, d.h. Angestellte im Büro-, Handels- oder Dienstleistungsbereich. Mit Blue Collars sind Arbeitende oder Handwerker bzw. Handwerkerinnen gemeint. Leds zeichnet das Beispiel eines hoch bezahlten Marketing-Experten, der Analysen und Marktstudien durchführt, die eine KI sehr viel schneller erledigen kann und stellt das Beispiel eines Werksmitarbeiters gegenüber, der Maschinen repariert.

> *„Stellen Sie sich das Bild vor: Eine Maschine in einer Werkshalle repariert sich selbst. Das ist schwer vorstellbar. Warum? Dazu bräuchten Sie eine aufwendige, hochflexible und vollautomatisierte Maschine, am besten einen humanoiden Roboter, der so schnell und zuverlässig arbeitet wie ein erfahrener Instandhalter, – das ist ein Szenario, wo ich sage – je mehr ich mich damit beschäftige mit dem Thema – das mir sehr unrealistisch erscheint.“*

Leds vertritt die Überzeugung, dass Maschinen mithilfe von Künstlicher Intelligenz auch in Zukunft nicht in der Lage sein werden, sich selbst zu reparieren. Dies wäre schon aus finanziellen Gründen unrealistisch, da dies niemand bezahlen könne.

7.4.4 Drei Tipps zum Schluss

Leds‘ erster Tipp lautet: Man muss sich im Klaren darüber sein, was man konkret erzielen möchte und dann den Mut besitzen, es einfach zu tun. Er betont: *„Es gibt hier nicht ‚Wir probieren es mal aus und gucken, ob es funktioniert.‘ Es funktioniert immer.“* Algorithmen sind mathematische Funktionen und erzeugen immer ein Ergebnis. Die Herausforderung sei es, die Ergebnisse zu nutzen und dadurch eine Optimierung der Maschinenleistung zu erreichen, bzw. Kosten einzusparen, um somit die Gesamteffizienz einer Maschine oder Anlage zu steigern. Den zweiten Tipp greift er nochmals vom Beginn auf: *„Mach es mit einem Partner“*. Der dritte Tipp, den er anderen Unternehmen geben möchte, ist, die Nutzung von KI als Standard zu sehen.

> *„Das Nutzen von Daten und das vorausschauende Analysieren dieser Daten wird in allen Automatisierungskonzepten, in allen Maschinen und in allen Branchen Standard werden in naher Zukunft.“*

Leds sieht den Trend bereits heute. *„Vor zwei, drei Jahren war es noch ein bisschen ‚Jugend forscht.“* Darüber sei der heutige Stand der Dinge weit hinweg. So wie vor vierzig Jahren die speicherprogrammierte Steuerung in Maschinen zum Standard wurde, wird es bald Standard werden, Daten aus Maschinen zu analysieren und zu nutzen.

7.5 Raus aus dem Verborgenen: KI und die Frage nach Vertrauen und Vertrauensgrenzen – Ein Bericht über die Erfahrungen eines Projektmanagers für die Bauwerksdatenmodellierung von Infrastrukturanlagen

7.5.1 KI-basierte Systeme schleichen sich ein

Ein Projektmanager und Partner in einem mittelständischen Bauunternehmen ist für den Bereich der Bauwerksdatenmodellierung für Infrastrukturanlagen, wie zum Beispiel ÖPNV oder anderen Anlagen von Verkehrsgesellschaften, verantwortlich. Im Rahmen dieses Berichts wird er Probad genannt, kurz für Projektmanager der Bauwerksdatenmodellierung. In seinem Unternehmen werden bereits verschiedenste KI-Systeme wie ChatGPT zum Beispiel für die Erstellung von Konzepten, räumlichen Analysen, Präsentationen oder Zusammenfassungen genutzt. Hierzu herrscht eine große Diskrepanz zwischen den jüngeren und den älteren Beschäftigten. Gerade jüngere Mitarbeitende weisen eine hohe technologische Affinität auf, sind in ihrem Privatleben mit technologischen Innovationen wie KI-basierten Systemen konfrontiert und nutzen diese auch aktiv. Im Berufsalltag finden innovative Applikationen für sie schnell eine Anwendung: So haben einige Mitarbeitende bereits selbstständig KI-Anwendungen in ihren Arbeitsalltag implementiert.

Als Probad davon hörte, stellte sich für ihn die Frage, ob das nötige Wissen und ein Bewusstsein dafür, KI-basierte Arbeitssysteme sicher anzuwenden, überhaupt vorhanden war. Die Entwicklung wollte er nicht aufhalten, aber sie fördern – hinsichtlich einer transparenten, auf gemeinsamen Austausch basierenden Art und Weise. Denn die Vorteile einer Erleichterung der Arbeit durch die Automatisierung repetitiver Tätigkeiten, die Unterstützung bei der Datenanalyse sowie die Hilfe beim Schreiben von Berichten und Konzepten sprachen für sich. In einer Partnerrunde schlug er die aktive und offizielle Nutzung verschiedener KI-Office-Tools vor, die Mitarbeitende bei ihren Aufgaben unterstützen sollten. In Zuge dessen sollte einerseits Transparenz über die Nutzung solcher Tools geschaffen werden und gleichzeitig ein kritischer Umgang mit den Ergebnissen sowie eine Sensibilisierung für Themen wie Datenschutz und Urheberrecht erfolgen.

7.5.2 Gemeinsamer Austausch

Als Führungskraft möchte Probad nicht nur darüber Bescheid wissen, mit welchen Mitteln das eigene Team arbeitet, sondern diese auch aktiv dazu bewegen, gewisse Prozesse und Ergebnisse zu verstehen und auch zu hinterfragen. Eine offene und transparente Kommunikation ist für ihn ein hohes Gut – Er will sicherstellen, dass Arbeitsprozesse wie die Nutzung KI-basierter Systeme nicht im „Verborgenen" stattfinden. Um einen Austausch unter den Mitarbeitenden anzuregen, eröffnete er eine unternehmensinterne

„Connections“-Gruppe. Diese Gruppe soll als ein *„Ort zum Erfahrungen teilen – auf ganz lockere Art“* dienen. Hier können Mitarbeitende sich austauschen, Tipps geben, Erfolgsgeschichten erzählen oder auch absurde und lustige Momente mit dem Team teilen. Die Resonanz ist groß, die Gruppe wird aktiv genutzt und der Austausch verbindet.

> *„Dann kommen die Dinge, die wirklich wichtig sind, die kommen dann eher zum Tragen, als dass jemand im ‚Verborgenen‘ das die ganze Zeit nutzt und du weißt es nicht.“*

Neben den technischen Vorteilen sieht Probad auch die Chance, individuelle Defizite, wie zum Beispiel sprachliche Barrieren von nicht deutsch (als Muttersprache) sprechenden Personen mithilfe von KI aufzuwiegeln. Das Schreiben von Bewerbungen oder Anschreiben mit KI sieht er auch gelassen: *„Wir nutzen ja auch einen Taschenrechner als Hilfe zum Rechnen. Also ich finde, das darf man nicht zu hoch aufhängen.“* Um auch ältere Beschäftigte mit an Bord zu holen, hat Probad eine klare Devise: Die Anwendungen sollen Mitarbeitende einfach einmal selbst ausprobieren. Ein Kollege gab beispielsweise zu Beginn an, dass ChatGPT wie Google nur eine Datenbank sei, änderte aber schnell seine Meinung und war beeindruckt, als der das Programm selbst testete. Fehlendes Vertrauen und Kritik von Beschäftigten stammen laut Probad oft aus Unwissenheit. *„Ich finde, man muss verstehen, was es kann. Nur dann kann man für sich abwägen.“*

7.5.3 Sensibilisieren und hinterfragen

Die kommunikative Stärke generativer KI-Anwendungen begeistern Probad ebenso wie die Geschwindigkeit und Fülle an bereitgestellten Informationen: *„So kannst du innerhalb von fünf Minuten quasi 15 Bände Brockhaus quer springen.“* Den Hauptvorteil gegenüber anderen Technologien und Softwares sieht er im „Zugeschneiderten“ und dem Ausbleiben von Sponsoring oder Werbung, wie es zum Beispiel auf Suchmaschinen wie Google üblich ist. Daten dennoch zu hinterfragen und wachsam zu bleiben sei unabdingbar. Eine Evaluation sowie die Klärung von Sinn und Zweck vor der Implementierung KI-basierter Systeme seien zentrale Bedingungen für eine reibungslose und zielgerichtete Nutzung. Dazu gehöre auch die Prüfung, ob ein bestimmtes KI-basiertes System überhaupt für das Unternehmen geeignet ist. Probad hat große Visionen für Nutzungsmöglichkeiten von weiteren KI-basierten Systemen, allerdings ist er der Meinung, dass die Ergebnisse immer noch einmal hinterfragt und überprüft werden sollten. Es dürfe nicht zu viel von einer KI erwartet werden.

> *„Ich sage mal, du kriegst vielleicht gute 60 Prozent irgendwie so hin und dann musst du entweder so viel nachschreiben, also nachfordern – dann kannst du auch fast schon selbst schnell zu Ende tippen.“*

Aus diesem Grund sei eine offene Fehlerkultur sehr wichtig, genauso wie eine kontrollierte Nutzung und eine Sensibilisierung der Mitarbeitenden. So könnten böse Überraschungen vermieden werden. Die zentralen Herausforderungen sieht Probad in dem *„Erkennen, wo kommt es her? Wer hat es programmiert? Was ist das für ein Stand? Was sind das für Daten?"*

> *„Dieses Verifizieren der Ergebnisse, das muss halt eigentlich noch durch jemand Drittes stattfinden."*

7.5.4 Blick nach vorn

Es erfordere Mut und Offenheit, sich auf etwas Neues einzulassen. Die Entscheidung zur Implementierung der Systeme stellte sich laut Probad am Ende als richtig heraus, denn der Wandel sei nicht aufzuhalten und das Unternehmen habe auch die Verpflichtung dazu, anschlussfähig zu bleiben. Die Zukunft der Firma sowie die Bedeutung für potenzielle zukünftige Beschäftigte sollte stets berücksichtigt werden. KI-basierte Systeme bieten laut Probad große Potenziale und er blickt optimistisch in die Zukunft.

> *„Selten kommst du ins Büro und sagst, heute werfe ich alles über Bord, heute fange ich alles neu an, machst du ja nicht, sondern du hast irgendwie Zeitdruck, du hast Terminstress und hastest dich so von einem zum anderen, dann nimmst du immer so dieses Altbewährte [...]. Ich glaube, manchmal können dazu ganz neue Anstöße oder neue Ereignisse ganz neue Ideen geben."*

Eine Unternehmenskultur, geprägt von gegenseitigem Vertrauen und offener Kommunikation bleiben für ihn die zentralen Grundpfeiler im Umgang mit neuen Technologien.

7.6 Erfahrungen aus einer gescheiterten Implementierung: KI im Spannungsfeld der Erwartungen – Ein Bericht über die Erfahrungen eines Hardware-in-the-loop Testers bei der Tochtergesellschaft eines Automobilherstellers

7.6.1 Aufwendige Testverfahren

Die Tochtergesellschaft eines großen Automobilherstellers führt unter anderem Prototypentests für Autos und deren Steuergeräte durch. Die Position für einen Hardware-in-the-loop Tester wurde besetzt, der mithilfe von Bildverarbeitung kamera-basierte Tests durchführen sollte und gleichzeitig Ansprechpartner für alle Bildverarbeitungsbelange im Unternehmen sowie der Muttergesellschaft war. Im Rahmen dieses Berichts wird er Halot genannt, kurz für Hardware-in-the-loop Tester. Halot schrieb zunächst eine Bildverarbeitungsbibliothek und zog erste Testsysteme auf. Ziel war es, ein bildverarbeitendes Test-Programm aufzusetzen, mit dem jeder Tacho getestet werden kann, ohne dass bei kleinen Veränderungen von Herstellerseite händisch nachgearbeitet werden musste.

„Die Fahrzeugentwicklung geht […] zwischen drei und sechs Jahre. Und in dieser Phase gibt es natürlich immer wieder Anpassungen. […] Und das musste dann halt immer nachgezogen werden. Also jede Änderung auf teilweise zwei Wochen Basis musste angepasst werden, damit die Tests weiter erfolgreich durchlaufen. Wir haben 24/7 diese Steuergeräte getestet und der Pain war halt immer diese ständige Anpassung.“

In der Branche und im Unternehmen wurde bereits über die Anwendung eines KI-basierten Arbeitssystems zur Datenauswertung und Fehlererkennung diskutiert. Dieses System sollte Probleme erkennen und automatisiert Fehlermeldungen zuordnen. Das händische Zuordnen von Bildern zu Fehlermeldungen würde damit wegfallen, was Zeit sparen würde.

7.6.2 Händisches Zuordnen versus Künstliche Intelligenz

Um herauszufinden, ob die Tests hinsichtlich der Änderungen von Herstellerseite vereinfacht und Kapazitäten gespart werden können, wurde ein Projekt gestartet, indem Halot gemeinsam mit einem Kollegen die KI-Anwendung testete. Das Budget dafür wurde vom zuständigen Bereichsleiter bereitgestellt mit der Aussage: *„Probiert es mal, schaut mal, wie weit ihr kommt“*. Dabei fuhr Halot zunächst fort, das Programm händisch „Zeile für Zeile“ zu programmieren, während sein Kollege das KI-System zur Automatisierung des Testverfahrens nutzte.

„Das ist quasi der Wettlauf zwischen den beiden: ‚händisches, klassisches Programmieren‘ versus ‚automatisierte Erkennung durch KI‘.“

Es stellte sich heraus, dass das KI-gestützte Modell im Vergleich schlechter abschnitt als die Software, die Parameter für Parameter programmiert wurde. In Vergleichstests erreichte sie nur 80 Prozent, während die „Händische“ eine Erfolgsquote von 95 bis 96 Prozent korrekter Fehlererkennungen aufwies. Der zu testende Bildausschnitt vom Tacho war zu groß und das KI-System nicht in der Lage, den betroffenen Bereich auf dem Bild des gesamten Tachos zu erkennen. Es musste wieder manuell nachprogrammiert werden, um die Region of Interest zu verkleinern.

„Bei so großen Bilddaten wird es schwierig herauszufiltern für die KI, was sie eigentlich zu tun hat.“

Dazu kam noch das Problem der ständig neu eintreffenden Inputparameter vonseiten des Herstellers.

> *„Wenn sich jetzt der Hersteller ändert von dem Steuergerät und die Farben ändern sich nur ein Tick von der Beleuchtung her, dann muss das gesamte Netzwerk neu angelernt werden und je nach Größe vom Netzwerk kann das auch gerne mal 40-80 Stunden dauern und in der Zeit ist Stillstand.“*

Trotz hoher Erwartungen an das KI-System überwogen die Nachteile durch den hohen Aufwand in der Umsetzung und die Nutzung wurde nach der Testphase eingestellt. *„Die Nuancen sind wirklich, wo es wirklich schwierig wird“*, berichtet Halot.

7.6.3 Was braucht es?

Nach dem Scheitern des KI-Projekts ist Halot zu der Erkenntnis gekommen, dass bestimmte Maßnahmen zur Unterstützung bei der Implementierung einer KI-Anwendung essenziell sind. Klare Ziele sowie Sinn und Zweck des Einsatzes sollten vorgegeben sein. Vor allem brauche man viel Zeit: *„Das erste ist Zeit, weil es sehr, sehr zeitintensiv ist, so eine KI zu erproben und zu entwickeln“*. Eine moderne Architektur und ein guter Datenzugriff sollten idealerweise schon im Voraus geregelt sein. *„Also die Infrastruktur, die unter der KI liegt, die die Daten nutzt, sollte zumindest mal vor Umsetzung geprüft werden auf Tauglichkeit.“* Mithilfe von Feedbackschleifen sollte das Projekt kontinuierlich evaluiert werden, auf das vorhandene Wissen aufgebaut und in kleinen Schritten vorangegangen werden.

> *„Der Invest ist halt sehr, sehr hoch bei der KI. Das muss man im Auge behalten. Es ist leider nicht so, dass man es direkt aufsetzen kann und zwei Monate später dann ein fertiges System hat, was super produktiv läuft.“*

Eine gewisse Offenheit für neue Dinge sei auch wichtig. Vor dem Hintergrund, dass sich Rahmenbedingungen ständig ändern, sollte man als Unternehmen informiert und interessiert für Neues bleiben. Der eventuelle Nutzen für das Unternehmen sollte immer berücksichtigt werden.

7.6.4 KI nicht ohne den Menschen

Halot beobachtet, dass KI-Systeme bestimmte Aufgaben zwar schneller und effektiver erledigen können, Menschen für komplexe Aufgaben aber immer noch benötigt werden. Er bezeichnet sich grundsätzlich als Freund der KI, räumt jedoch ein, dass er auch Angst vor den Menschen habe, die sie einsetzen. *„Gib es den falschen Leuten in die Hand und sie werden nur Unfug damit machen."*

Für Halot liegt das gescheiterte KI-Projekt bereits einige Jahre zurück und er ist sich sicher, dass heute bereits ein enormer Fortschritt zu verzeichnen ist. Der Respekt in der Gesellschaft vor KI ist in seinen Augen gerechtfertigt und bestimmte Aufgaben im beruflichen Kontext würden in Zukunft übernommen werden. Aus diesem Grund sollten nach wie vor Kontrollmechanismen von Menschen vorhanden sein, um sicherzustellen, dass das jeweilige KI-System auch verlässliche Ergebnisse liefert. Dabei schließt er den Kreis zu der eigens getesteten KI-Anwendung, die im Testverfahren eine Fehlererkennungs-Quote von 80 Prozent erreichte:

> *„Es war schon beeindruckend zu sehen, was das Ding kann, mit sehr, sehr wenig Einsatz. Also das Paleo-Prinzip kennt man ja wahrscheinlich, das 80/20 Prinzip. Ich denke, für 80 Prozent schafft es eine KI immer super und damit kann man schon viel erreichen. Doch für die letzten paar Prozent wird es immer noch händisch etwas benötigen."*

7.7 Intelligente Algorithmen für ein Mehr an Möglichkeiten: KI in der Beleuchtungssteuerung - Ein Bericht über die Erfahrungen des Partner Managers eines Herstellers von Lichtmanagement-Lösungen

7.7.1 Licht soll intelligent werden

Das Unternehmen mit Sitz in einem europäischen Mitgliedsstaat entwickelt intelligente und energiesparende Beleuchtungslösungen sowie Serviceangebote, um die Effizienz und Benutzerfreundlichkeit von Gebäuden während ihres gesamten Lebenszyklus zu verbessern. Der Spezialist für Lichtsteuerung und Hersteller von Vorschaltgeräten für die Lichtindustrie ist weltweit tätig. Die Aufgabe des Partner Manager und Verkaufsleiters für den deutschsprachigen Raum ist es, den Markt im Bereich der Lichtsteuerung mit dem Einsatz von künstlicher Intelligenz zu erschließen. Im Rahmen dieses Berichts wird er Pamav genannt, kurz für Partner Manager und Verlaufsleiter.

Die Lichtsteuerung hatte das Unternehmen bereits seit einigen Jahren automatisiert. *„Aber wir wollten einen Schritt weitergehen, dass es intelligent wird, das Licht"*, berichtet Pamav. Es wurden verschiedene Möglichkeiten zur Umsetzung diskutiert und eine intensive Zusammenarbeit mit den umliegenden Universitäten begonnen. Um die Entwicklung der KI-Technologie und die Erreichung von Meilensteinen zu planen, wurde ein Business Model Canvas erstellt. Daraufhin suchte das Unternehmen nach Entwicklern mit Erfahrung im Bereich KI und baute sich ein internes Team auf, das heute von überall auf der Welt arbeitet. Pamav gibt an, dass die Arbeitsweise vollständig digitalisiert und die Strukturen im Unternehmen deutlich umgebaut werden mussten.

7.7.2 Ein Balanceakt

Die in Eigenarbeit entwickelte KI-Technologie lernt durch an Leuchten befestigten Sensoren die Bewegungsmuster aufzuzeichnen, welche Leuchten in einem Raum nebeneinander sind, und gruppiert diese dann automatisch. Über ein Bluetooth-Netzwerk lernt die KI ununterbrochen. Wenn beispielsweise eine Leuchte entfernt und in einem anderen Raum platziert wird, erkennt die KI dies mithilfe der Sensordaten, trennt sich von der bisherigen Gruppe und sucht sich neue Partner. Weitere Features sind die automatische Berechnung eines Tageslichtwerts sowie die Berechnung von Nachlauf- und Anwesenheitszeiten in einzelnen Räumen. Dabei wird eine Balance zwischen Energieeinsparung und Wohlbefinden der Menschen im Raum angestrebt.

> *„Wenn man eine KI programmiert, braucht man immer eine Zielsetzung letzten Endes, die die KI erreichen muss und worauf die hinarbeitet und bei uns ist das immer die Balance zwischen Energieeinsparung und well being."*

Die erste Generation der KI war laut Pamav teilweise von Fehlern behaftet und musste überarbeitet werden. Als das Produkt auf deutsche Normen und Realität traf, äußerten Kunden viele individuelle Wünsche, die eine Einarbeitung und Programmierung von manuell einstellbaren Funktionen zur Folge hatten. Dabei wurde die Bedeutung eines intensiven Testprotokolls sichtbar, da nach dem Umprogrammieren einzelner Funktionen andere nicht mehr funktionierten oder sich seltsam verhielten. Für Pamav gehörte diese Erfahrung zu den wichtigsten Lessons Learned und er gibt den Rat, einzelne Funktionen einer KI-Technologie – sofern möglich – ausschalten zu können. Dies sei nicht nur förderlich, um die Akzeptanz zu erhöhen, sondern auch, um individuell auf Datenschutzbedenken einzugehen.

7.7.3 Langfristig vom Markt abheben

Der Entschluss, die KI-Lösung intern zu entwickeln, wurde nicht unerheblich durch extern zugesprochenes Investitionskapital beeinflusst. Auf das mittlerweile patentierte und ausgezeichnete Lichtsteuerungssystem ist das Unternehmen sehr stolz, erzählt Pamav. Gleichzeitig betont er, dass diese Entwicklung ein langer Prozess sei und nach wie vor andauere. Der Return of Investment sei nach sieben Jahren Projektlaufzeit noch nicht erreicht. Doch das übergeordnete Ziel sei die langfristige Positionierung und Abhebung auf dem Markt mithilfe einer einzigartigen Lösung.

> *„Das ist schon wirklich ein Investment in die Zukunft, um uns […] kaufmännisch gesehen langfristig auf dem Markt aufzustellen und uns auch abzuheben von allen anderen."*

Darüber hinaus haben sich die Erwartungen an die KI im Laufe der Zeit verändert. So wurden mittlerweile weitere Funktionen entwickelt, die auch anderen Nutzern des Gebäudes zugutekommen. Zu Beginn war die primäre Absicht, die Arbeit der Installateure zu erleichtern, heute werden auch die Bedürfnisse von Mietern oder Gebäudeeigentümern miteinbezogen. *„So ein Facility Manager, der kümmert sich nicht nur um Licht, sondern auch um Heizungen und Raumgegebenheiten und alles [...] und mit dem Gedankengang haben wir dann immer mehr und mehr und mehr Funktionen miteingeführt und mehr intelligente Algorithmen entwickelt."*

Pamav erzählt von einem Krankenhaus, in dem es wegen einer Fehlplanung an Bürofläche fehlte. Bewegungsdaten durch die Sensoren an den Leuchten lieferten die Erkenntnis, dass ein Bereich des Krankenhauses von Patienten kaum aufgesucht wurde. So konnte die Auslastung des Gebäudes umgeplant und effizienter strukturiert werden.

7.7.4 Ängste im deutschsprachigen Raum

> *„Gerade auf dem deutschen Markt ist [...] die Angst vor der KI relativ hoch. Ich habe keine Ahnung, wo das herkommt, aber [...] gerade in den ersten Meetings habe ich immer von KI gesprochen und dann habe ich schon gemerkt, wie manche anfangen zu schwitzen."*

Pamav ist durch seine Position als Verkaufsleiter oft im Gespräch mit Kunden und hat festgestellt, dass diese oft mit Misstrauen, Skepsis, Befürchtungen oder sogar Angst auf KI blicken. Bei seinen ersten Versuchen, die Akzeptanz zu erhöhen, erzählte er von Situationen, in denen KI-Technologien bereits im Alltag verankert sind. Doch dann stieß er auf die bahnbrechende Lösung:

> *„Der Durchbruch war wirklich, das Wort KI wegzulassen und von intelligenten Algorithmen zu reden."*

Im Unternehmen wurde daraufhin ein Comic für Marketingzwecke entwickelt, der die Funktionsweise der Lichtsteuerungs-KI einfach und ohne Fachbegriffe veranschaulicht. Pamav bezeichnet den Comic als absoluten Durchbruch, der dazu führte, dass auch jeder, der nicht im Bereich KI tätig ist, die Technologie verstand. Dies ist sein Tipp an Anbieter einer KI-Lösung: *„Wirklich nicht anfangen, über Codierung zu sprechen oder sonst irgendwas, sondern ganz einfach zu sagen: Das ist dein Mehrwert und so – ganz grob und einfach gesagt – funktioniert das."*

7.8 Der Faktor Wissen und Zeit: Künstliche Intelligenz für ein Naturprodukt – Ein Bericht über die Erfahrungen der Inhaberin eines Fleischereibetriebs mit eigener Schlachtung und Produktion

7.8.1 KI trifft jahrhundertealte Tradition

Die Landfleischerei ist ein klassischer Handwerksbetrieb mit eigener Schlachtung und Produktion. Mit 22 Mitarbeitenden ist die Fleischerei auf die Herstellung einer naturgereiften Mettwurst spezialisiert. *„Dieser Reifeprozess, der ist relativ komplex – wie fast alle Reifeprozesse bei naturgereiften Lebensmitteln – den kann man eigentlich bisher kaum abbilden [...] das geht alles so ein bisschen nach Gefühl und Erfahrung"*, berichtet die Inhaberin. Im Rahmen dieses Berichts wird sie Gela genannt, kurz für die Geschäftsführerin einer Landfleischerei.

Der Betrieb ist Teil eines geförderten KI-Projekts, bei dem der Reifeprozess der Wurst optimiert und standardisiert werden soll. Mithilfe von Sensoren, die sowohl in den Räumlichkeiten als auch im Produkt selbst installiert werden, werden Parameter wie Temperatur, Feuchtigkeit, pH-Wert und Helligkeit gemessen. Auch Faktoren wie Jahreszeit, Wetter und Außentemperatur fließen in die Bemessungen mit ein. Die KI-Implementierung wird vom Fachbereich Informatik einer Universität unterstützt. Dieser führt die Datenerhebungen durch und beobachtet die Reifebedingungen. Die Fleischerei steht mit dem Projekt also nicht allein da – Rückhalt und Hilfestellungen sind jederzeit gegeben. Ziel ist es, die jahrelange Erfahrung der Fleischerei, die mittlerweile in der fünften Generation betrieben wird, zu erweitern, traditionelles Handwerk zu bewahren und den Herausforderungen des Fachkräftemangels entgegenzuwirken. Idealerweise kann der Reifeprozess in Zukunft remote gesteuert werden, damit Mitarbeitende nicht mehrmals täglich die Bedingungen in der Reifekammer kontrollieren müssen.

7.8.2 Sich wieder anderen Aufgaben widmen

Das Pilotprojekt für KI im Fleischerei-Handwerk befindet sich noch in der Datenerhebungsphase. Im nächsten Schritt sollen Muster aus den Daten gelesen und mehr über den Reifeprozess gelernt werden, um diesen besser zu verstehen und gegebenenfalls zu optimieren. Die künftige Hoffnung ist, die Erkenntnisse auch auf andere natürliche Reifeprozesse wie die von Käse oder Wein anzuwenden. In ihrer Belegschaft ist Gela auf Begeisterung für das Projekt gestoßen.

> *„Die finden das toll, wenn die eine Entlastung haben können, also wir sind ja immer am Limit und man sucht. Bei uns in der Branche ist es wirklich sehr eng mit Fachkräften und jemanden zu finden, und die freuen sich ja, wenn sie eine Arbeitserleichterung haben."*

Trotzdem betont sie, dass es wichtig war, den Mitarbeitenden die Vorteile und die Entlastung durch die KI zu erklären und ihnen zu zeigen, dass dies ein positiver Fortschritt ist. Als Betriebsführung stünde sie in der Verantwortung, die positiven Aspekte von KI wie die Zeitersparnis und Arbeitserleichterung aufzuzeigen und Ängste wahrzunehmen. Veränderungen seien immer mit Skepsis und Ängsten verbunden, diese Reaktion sei natürlich und urmenschlich.

> *„Meine Mitarbeiter sollen dadurch keinesfalls ersetzt werden, aber die können sich dann anderen Aufgaben widmen, wie zum Beispiel ein neues Rezept zu entwickeln oder so oder ganz andere Dinge, die auch nur ein Mensch kann.“*

Gela findet es vor allem vor dem Hintergrund der demografischen Entwicklung sinnvoll, wenn gewisse Routinearbeiten, *„die auch sowieso keiner mehr machen möchte“*, von einem Computer oder einer KI-Anwendung übernommen werden. *„Ich begreife das einfach viel mehr als Hilfsmittel“*, betont sie, *„es wird niemals sein, dass ein Computer zu 100 Prozent einen Menschen ersetzen kann […] also da glaube ich auf gar keinen Fall dran“*.

7.8.3 Aufklärung gegen die Unwissenheit

Gela räumt ein, dass sie den Eindruck hat, dass die meisten Menschen das Konzept von KI nicht verstehen. Ihre Kundschaft äußerte zum Teil Befürchtungen, dass die klassische Qualität der Würste verloren ginge oder dass das Produkt künstlich oder industriell wird.

> *„Manche sind da auch ein bisschen kritisch, wenn man da jetzt irgendwie Maschinen mit einsetzt oder Digitales, weil sie dann irgendwie denken, der Zauber geht weg, das Handwerkliche.“*

An dieser Stelle sei es immer wichtig, aufzuklären. Die Angst stamme aus der Unwissenheit und Ungewissheit über die Auswirkungen von KI. Gela erklärt, dass die Künstliche Intelligenz ein unglücklicher PR-Begriff sei, da künstlich eher negativ besetzt sei und Intelligenz suggerieren könnte, dass sie uns als denkenden Menschen ersetzen könnte. Es wäre schade, wenn durch diese Ängste viel Positives verhindert werden würde. Bedenken sollten ernst genommen und ein kontrollierender Rahmen geschaffen werden – dem Fortschritt sollte man aber zunächst einmal positiv gegenüberstehen.

Einige Kunden der Landfleischerei sind neugierig und fragen, was mit den Würsten passiert, in denen Sensoren gesteckt haben. *„Das ist halt zu Forschungszwecken, das fällt dann halt der Forschung zum Opfer, dieses arme Produkt, aber […] wir versuchen es dann dennoch nicht zu verschwenden“*, erzählt Gela schmunzelnd. Die Mitarbeitenden der Fleischerei sowie die Informatikerinnen und Informatiker an der Uni freuten sich über den etwas zerlöcherten „Eigenbedarf“.

7.8.4 Ein Abwägen von Aufwand und Nutzen

Gela rät anderen Unternehmen für neue und innovative Projekte offenzubleiben, auch wenn sie Zeit und Arbeit erfordern. Es sei auch als kleiner Betrieb in einer Nische wichtig, am Puls der Zeit zu bleiben, *„auch wenn es manchmal vielleicht nur mehr an der Seitenlinie ist.“*

> *„Man muss irgendwie gefühlt immer mehr leisten, in immer weniger Zeit und das ist alles sehr komplex und alles sehr herausfordernd. Und manchmal hat man dann wenig Zeit für solche Projekte, aber […] es ist nicht verkehrt, mal in den sauren Apfel zu beißen und mal ein paar Wochen oder Monate noch mehr Arbeit zu haben und dann aber danach wirklich eine dauerhafte Entlastung zu haben.“*

Nichtsdestotrotz rät Gela dazu, den Aufwand eines Projekts mit dessen Nutzen sorgfältig abzuwägen und zu prüfen, an welchen Stellen eine Neuerung oder Digitalisierung wirklich notwendig ist. Teilweise würde Digitalisierung nur um der Digitalisierung willen betrieben und damit Prozesse unverhältnismäßig komplex statt erleichtert werden. Digitalisierung sollte an den Stellen eingeführt werden, an denen sich der Aufwand lohnt. Gela ist gespannt, zu welchen Erkenntnissen die Messungen führen werden. Wenn Fehler im Reifeprozess entdeckt würden, wäre diese Erkenntnis für sie genauso wertvoll, wie das Ergebnis, dass bereits jetzt schon alles richtiggemacht wird.

7.9 Eine Entwicklersicht: Die Bedeutung des Menschen im Rahmen von KI – Ein Bericht über die Erfahrungen des Geschäftsführers eines Unternehmens, das einen KI-Assistenten zur Automatisierung von Bildschirmprozessen entwickelt hat

7.9.1 Vom ersten Bedarf zur großen Umsetzung

Das deutsche Software-Start-Up hat eine kognitive KI-Lösung entwickelt, die Bildschirmprozesse am Arbeitsplatz automatisiert ausführen kann. Nach einem zweitägigen Anwendertraining ist laut Hersteller jeder Mitarbeitende in der Lage, jeden Arbeitsprozess schnell und effektiv automatisiert auszuführen, den man einer anderen Person erklären kann – ohne über IT-Hintergrund oder Programmierkenntnisse verfügen zu müssen. Die Lösung ist eine echte No-Code-Anwendung: Das Unternehmen hat sich digitale Bildung und die Bekämpfung des Fachkräftemangels auf die Fahne geschrieben. *„Ich will nicht sagen, dass unser Projekt per Zufall entstanden ist […] aber es war vor zehn bis zwölf Jahren nicht gleich die Idee […] eine Software zu entwickeln, die man genau in dieser Form als Produkt in den Markt bringt. Das hat sich erst in den folgenden Jahren entwickelt“*, erzählt der Geschäftsführer. Im Rahmen dieses Berichts wird er Gunka genannt, kurz für Geschäftsführer eines Unternehmens, das einen KI-Assistenten entwickelt hat.

Die beiden Gründer, die vor einigen Jahren noch als IT-Freiberufler tätig waren und in der Qualitätssicherung vor einer spezifischen Herausforderung standen, machten sich damals auf die Suche nach einer Software, die Bildschirmoberflächen als Endausgabe-Medium prüft. Als sie nichts finden konnten, beschlossen sie, die Software selbst zu schreiben. *„Bis sie irgendwann mal festgestellt haben, dass sich da ja womöglich doch noch mehr draus machen lässt"*, berichtet Gunka.

Sie arbeiteten lange Zeit selbstständig an der Entwicklung und zogen später weitere KI-Entwickler aus aller Welt hinzu, die sie zunächst aus eigener Tasche bezahlten. Vor etwa vier Jahren wurde die GmbH gegründet und anschließend die Lösung auf den Markt gebracht. Das junge, multikulturelle Unternehmen ist von multidimensionalen Blickwinkeln, Arbeitsweisen, Kulturen und Know-hows sowie dem Einsatz agiler Arbeitsweisen geprägt.

7.9.2 Freie Kapazitäten durch Automatisierung

Mit verschiedensten Anwendungs- und Wirkbereichen kann die KI-Lösung eine Vielfalt an Use Cases bearbeiten. Im Gegensatz zur generativen KI, die durch extrem große Datenmengen trainiert werden müssen, basiert die Anwendung auf einer kognitiven KI, die mithilfe von kognitiven Fähigkeiten wahrnimmt, entscheidet und handelt. Mitarbeitende werden mit dieser in die Lage versetzt, vor allem wiederkehrende Prozesse zu automatisieren. Gunka beschreibt, dass das Programm *„wie eine digitale Assistenz arbeitet, die wie Sie und ich als Mensch auf einen Bildschirm draufschaut und all das erkennt […], was auch wir als Mensch auf einem Bildschirm erkennen."*

> *„Insofern endet die Wahrnehmung […] nicht auf der Programmebene, sondern tatsächlich auf der Bildschirmoberfläche. Das bedeutet, die KI-Lösung ist eine echte End-to-end Anwendung."*

Gunka betont, dass ein Teil der Arbeitsprozesse von Jobs im Büro-, Handels- oder Dienstleistungsbereich automatisierbar sind und gleichzeitig eine wachsende Notwendigkeit besteht, Entscheidungsprozesse in Unternehmen zu automatisieren. Für repetitive Prozesse würden heute nach wie vor sehr häufig Kolleginnen und Kollegen als „menschliche Schnittstellen" genutzt. Dies umfasst Tätigkeiten, die zukünftig von der KI-Lösung übernommen werden könnten. Mitarbeitende hätten dadurch wieder freie Kapazitäten für wichtigere Aufgaben wie zum Beispiel Kunden- oder Mitarbeitergespräche und kreative Denkarbeit. Die Wirkungsgrade und Möglichkeiten zum Einsatz der KI-Lösung unterscheiden sich je nach Unternehmen und Anwendergruppe deutlich und ermöglichen beispielsweise, die Produktivität pro Mitarbeitenden zu steigern oder den Fokus in der operativen Ebene auf die Top-Line zu legen.

7.9.3 Individuelle Kundenversprechen

Laut Gunka war einer der wichtigsten Lerneffekte, individualisierte Ansätze zu wählen, um auf die jeweiligen Kunden- oder Personengruppen einzugehen. Die KI-Lösung sei ein Werkzeug, das verschiedenen Mitarbeitenden oder Abteilungen vielfältige Mehrwerte bringen kann. Um auf die einzelnen Bedürfnisse der unterschiedlichen Zielgruppen einzugehen, müsse man sich mit den individuellen Interessen, Nöten und Motiven beschäftigen. Dazu sei mindestens ein „Vorgespräch" oder Qualifizierungsgespräch notwendig, bevor die KI-Lösung in einer Präsentation ganz praktisch gezeigt wird. Bei einer Vorstellung in größeren Gruppen von Menschen aus unterschiedlichen Hierarchien und Abteilungen, könne dies aufgrund des Spektrums an Anwendungs- und Wirkmöglichkeiten sowie verschiedener Bedürfnisse, Interessen und Motiven möglicherweise eine Herausforderung darstellen.

Gunka unterstreicht, dass es wichtig ist, sich immer wieder individuell auf die Anliegen und Bedarfe der Kunden einzustellen und hervorzuheben, *„dass grundsätzlich jede einzelne Person wichtig ist"*. Manche Personen, denen man die KI zeige, empfinden auch Unsicherheit. Der effektivste Weg, diese Unsicherheit oder eventuelle Ängste abzubauen und Interesse sowie Begeisterung zu wecken, sei eine einfache Heranführung an die Technologie und das ganz praktische Zeigen, wie man als Mitarbeitender in die Lage versetzt werden kann, seine eigene Digitalisierungsreise mitzugestalten. Um das zu verdeutlichen und um zu veranschaulichen, wie einfach bedienbar die KI-Lösung ist, werden beispielsweise Videos gezeigt oder im Rahmen einer Präsentation ein erster Prozess selbst live automatisiert. Ein Anwendungsbeispiel der KI-Lösung ist das automatisierte Auslesen von Informationen aus unstrukturierten Dokumenten, wie zum Beispiel Rechnungen und das Eintragen dieser Informationen in die Unternehmenssysteme zur weiteren Verarbeitung. Ein anderes Beispiel ist die Automatisierung von Rekrutierungsprozessen. Ganze Rekrutierungsstrecken können so automatisiert werden, sodass der erste menschliche Kontakt erst beim Vorstellungsgespräch stattfindet.

7.9.4 KI für die Menschen

„Jeder kann Gestalter seiner eigenen Digitalisierungsreise sein."

Unternehmen sollten Mitarbeitende zu Beteiligten statt Betroffenen der Digitalisierung machen. Um Ängste und Befürchtungen abzubauen, tragen Unternehmen laut Gunka die Pflicht, ihre Mitarbeitenden aktiv in die Automatisierung von Prozessen einzubinden. Künstliche Intelligenz, insbesondere kognitive KI, die ausschließlich das ausführt, was man ihr vorher gezeigt hat, brauche niemandem Angst zu machen, sondern liefere jeder Person unzählige positive Möglichkeiten, das Leben in den verschiedensten Bereichen zu erleichtern. Gunka richtet den Appell an alle, sich an den positiven Möglichkeiten von KI zu orientieren. *„[...] wozu wir jetzt als Unternehmer dann natürlich auch eine Verpflichtung haben [...], dass wir eine Künstliche Intelligenz für die Menschen entwickeln und nicht zum Wohle von ein paar Wenigen und ganz viele Menschen leiden. Das darf nicht sein."*

Es sei die Aufgabe der Politik, einen übergeordneten Rahmen zu schaffen, um zu regulieren, was Künstliche Intelligenz beinhaltet und was ihr Zweck ist. Das geplante Gesetz der EU über Künstliche Intelligenz bewege sich bisher auf einer zu detaillierten Ebene. *„Wir benötigen einen Überbau, einen Rahmen, der übergeordnet festlegt, wozu KI da ist und wem sie dienen soll. Wir brauchen so etwas wie das Grundgesetz für die KI"*, erklärt Gunka. Dadurch könnten sowohl Ängste in der Gesellschaft reduziert als auch die Akzeptanz gesteigert werden und darauf basierend das Verständnis für die Vorteile von KI und das Vertrauen darin wachsen.

7.10 Der Anwendungs-Fundus: KI in der IT- und Prozessdienstleistung – Ein Bericht über die Erfahrungen des Geschäftsführers eines IT- und Prozessdienstleisters

7.10.1 Fest verankert im täglichen Tun

Der IT- und Prozessdienstleister für Energie- und Stadtwirtschaft bietet Full-Service IT an, dabei gehört auch Datenmanagement und -entwicklung zum Tagesgeschäft. Das Unternehmen betreut unter anderem fast zwei Millionen Zählpunkte. Massenprozesse wie diese bedeuten eine regelrechte Notwendigkeit einer Automatisierung. Mithilfe von Maschinellem Lernen und Künstlicher Intelligenz werden bereits heute mehrere Arbeitsabläufe im Unternehmen automatisiert und auf Basis von Daten Entlastungen geschaffen sowie Entscheidungen getroffen. Für den Geschäftsführer war das Nutzen von KI-Technologien die logische Weiterentwicklung und Konsequenz aus dem bisherigen Arbeiten mit maschinellem Lernen. Im Rahmen dieses Berichts wird er Herr Martinez genannt.

Je nach Anwendungsfall setzt das Unternehmen verschiedenste Methoden, Tools und Systeme ein. Es gibt nicht die eine KI-Lösung: *„Wir haben wirklich einen großen Fundus"*, berichtet Martinez grinsend. Neben Chatbots im Kundenservice, die KI enthalten, und einem Dokumentenmanagement-System sind auch KI-Modelle für die Analyse von Zahlungsausfällen bei Gewerbekunden im Einsatz. Auf das KI-Modell, das den geeigneten Zeitpunkt für das Heizen der Rotorblätter von Windrädern aus Energieeffizienzaspekten errechnet, ist Martinez besonders stolz. So konnten in der Winterperiode pro Windkraftanalage Heizkosten im sechsstelligen Bereich eingespart werden.

7.10.2 Strategie über Garagen-Mentalität

Dennoch gibt es Bereiche im Unternehmen, in denen KI nicht eingesetzt wird. Dazu gehören Entscheidungsprozesse, bei denen Menschen beteiligt sind sowie Interaktionen zwischen Menschen. Als Leitgerüst für die Implementierung dient eine ausgefeilte KI-Strategie, in die ein Ethik-Gremium fest verankert ist. Dieses Leitgerüst besteht aus einem Stage-Gate-Prozess, beginnend mit der Ideengenerierung und -Priorisierung bis hin zur endgültigen produktiven Implementierung. Das Stage-Gate-Modell ist ein von Robert G. Cooper entwickeltes Modell, um Innovations- und Entwicklungsprozesse zu optimieren. Dabei wird eine Reihe von festgelegten Zielsetzungen bzw. Gates verfolgt. Bei dem IT- und Prozessdienstleister gehört dazu unter anderem eine Potenzialanalyse sowie das Durchlaufen verschiedener Gremien wie dem Ethik-Gremium oder dem KI-Board, die den jeweiligen Use Case auf ethische, technische und architektonische Belange hin überprüft. Darüber hinaus gibt es auch definierte Rollen wie den KI-Champion, der bereits KI-Implementierungen von Anfang bis Ende begleitet hat und für zukünftige Prozesse als Experte mitarbeitet oder hinzugezogen werden kann. Das Ziel solcher KI Use Cases sind in der Regel entweder Kostensenkungen oder Ertragssteigerungen in der Energie- oder Stadtwirtschaft.

> *„Das Thema ist weit weg mittlerweile von Garagen-Mentalität und‚ich baue da mal was'. Das hat schon einen erheblichen Einfluss auf ein Unternehmen. Und wenn man wirklich die Potenziale heben möchte, muss man es strategisch angehen."*

Von über 50 Use Cases, die zu Beginn gesammelt wurden, können nicht alle ohne weiteres umgesetzt werden. Um zusätzliches Know-how sowohl im Bereich KI-Technologie als auch auf Anwenderseite zu sammeln, werden andere Unternehmen eingeladen, um von ihren Best Practices zu berichten. Martinez hält jedoch fest, dass Expertise oft im Ausland sitzt und spezifische Bereiche wie die Überwachung von Hochspannungsleitungen leider nicht immer auf unsere geografische Lage übertragen werden können.

7.10.3 Aktiv Transparenz schaffen

Innerhalb des Unternehmens ist laut Martinez unbedingt eine Zusammenarbeit zwischen dem Dienstleister, den Fachbereichen im Unternehmen, den Data Scientists und der gesamten Betriebsmannschaft nötig. Auch betriebsinterne Gremien wie Betriebsräte und Datenschutz sollten bei der KI-Implementierung miteingebunden werden. Durch ethische Spielregeln und Leitlinien, Informationen, Transparenz und Einbindung kann Ängsten von Mitarbeitenden entgegengewirkt und ihre Akzeptanz gesteigert werden.

> *„Sie müssen aktiv Transparenz schaffen und Sie müssen aktiv auch die Bedenken ernst nehmen, ansonsten holt Sie das ein […]. Sie brauchen das Know-how der Leute und Sie brauchen auch*

die Unterstützung der Leute. Also aus meiner Sicht spielt das eine sehr große Rolle, teilweise mehr als die reinen technischen Fragen."

Kommunikation und Mitarbeiterführung seien zentrale Aufgaben bei der Einführung von KI und Top-Down-Implementierung würden oft scheitern. Trotz vieler – teilweise auch berechtigter – Ängste glaubt Martinez *„enorm an die Möglichkeit, durch KI zu entlasten"*. Vor allem repetitive Tätigkeiten und Massenprozesse können automatisiert sowie Entscheidungsprozesse vereinfacht werden. Dabei betont er: *„Also nicht entlassen, das glaube ich nicht. Dazu haben wir viel zu viel zu tun."* Zusätzlich können KI-gestützte Prognosemodelle das Geschäft besser einschätzen und für die Zukunft planen.

7.10.4 Externe Faktoren im Blick halten

Martinez bezeichnet den Mangel an Fachwissen und die begrenzten Ressourcen durch den Fachkräftemangel als das größte Hindernis für eine erfolgreiche Implementierung und Arbeit mit KI. Die frühzeitige Suche nach Fachkräften sowie die Definition einer KI-Strategie sind für ihn von grundlegender Bedeutung. Auch Regulierungen wie das bevorstehende EU KI-Gesetz sollten in keinem Fall unterschätzt werden. Neben Transparenzpflichten gegenüber Endverbrauchern werden darin auch Offenlegungspflichten für Aufsichtsbehörden festgelegt, die die Arbeit mit KI nachhaltig verändern werden.

„Ich würde dieses Thema nicht unterschätzen. Also aus meiner Sicht kann dieses EU KI-Gesetz Dimensionen wahrnehmen oder darstellen wie die DSGVO."

Dass das Gesetz die Innovationskraft in Europa kaputtmachen würde, kann er jedoch nicht unterstreichen. Vielmehr ist er davon überzeugt, dass andere Länder dem KI-Gesetz und den Diskussionen, die hier geführt werden, folgen werden. Es deute sich jetzt schon an, dass selbst Chatbots als Hochrisiko-KI eingeschätzt werden. *„Ob man das jetzt gut oder schlecht findet, sei jedem dahingestellt."*

7.11 Inspirationsquelle und Branchenrevolutionär: KI zwischen Kür und Pflicht – Ein Bericht über die Erfahrungen eines Beraters in einer PR-Agentur

7.11.1 Informationsbeschaffung im Umbruch

Die PR-Agentur ist in den Bereichen Nachhaltigkeit, Ernährung und Gesundheit sowohl für Kunden aus der Forschung als auch für NGOs und privatwirtschaftliche Unternehmen tätig. Etwa zehn bis zwölf feste und freie Mitarbeitende entwickeln PR-Ideen, Kampagnen und Maßnahmenpakete. Einer der Public Relations Beratenden im Unternehmen hat sich der Nutzung KI-basierter Systeme angenommen und unter anderem ChatGPT als Recherche-Tool für Pressemitteilungen oder Blogartikel eingesetzt. Im Rahmen dieses Berichts wird er Bepra genannt, kurz für Berater in einer PR-Agentur. Neben ChatGPT werden im Unternehmen auch andere KI-Systeme beispielsweise für Präsentationen genutzt.

> *„ChatGPT versteht verschiedenste formulierte Fragen und auch komplizierter formulierte Aufgaben, die man ihm stellt und fasst diese Ergebnisse von Google praktisch für einen zusammen. Und damit kommt man zu Ideen, die man sonst übersehen hätte."*

Das KI-gestützte Computermodell zur Sprachverarbeitung unterstützt tägliche Arbeitsvorgänge und wird in erster Linie zur Informationsbeschaffung verwendet. Gegenüber der klassischen Google-Suche, die langwierig und für Bepra teilweise nicht immer zu befriedigenden Ergebnissen führte – vor allem bei fehlendem Interesse oder Inspiration für das jeweilige Thema – habe ChatGPT das Potenzial, diese Probleme zu lösen. Bepras Ziel war es, dass er zu qualitativ hochwertigeren Blogbeiträgen in kürzerer Zeit kommt.

7.11.2 Weniger Stress durch Recherche-Unterstützung

Vor der Implementierung wurde die Problemstellung deutlich, als sich Bepra in einem Rechercheprozess zu einem Blogartikel über ein ihm unliebsames Thema wiederfand. *„Egal welche Suchbegriffe ich eingebe, ich bekomme nicht den Content, den ich brauche"*, erinnert er sich. Die Inspiration und Kreativität blieb aus, doch in der Branche wurde bereits über die Nutzung des KI-gestützten Tools ChatGPT diskutiert und auch seine ehemaligen Kollegen aus einer Marketingagentur schwärmten von den vielseitigen Anwendungsmöglichkeiten, der Arbeitserleichterung und erheblichen Zeitersparnis. Daraufhin wollte Bepra das System einmal selbst ausprobieren, was von seinem Chef mit Begeisterung unterstützt wurde. Mithilfe von ChatGPT fand er Anregungen und Informationen, *„die ich über Google nicht gefunden hätte, weil sie in anderen Sprachen sind"*. Bepra war sofort begeistert: *„Es hat mich wirklich positiv überrascht, was ich alles daraus geboten bekomme."* Das KI-System biete eine beinahe unvergleichliche Informationstiefe und -fülle, die er vorher nicht oder nur mit einer vielfach höheren Zeitinvestition erreichen konnte. Bepra erlebte in Folge der Implementierung eine spürbare Stressreduktion durch das Werkzeug.

> *„Ich konnte abends besser einschlafen, weil ich nicht drüber nachdenken musste, dass mich dieses Thema mit der Recherche schmerzt, weil ich wusste, dass ich so eine gute Recherche-Unterstützung habe."*

Innerhalb des Unternehmens gab es eine kleine Aufklärungsrunde mit dem Motto: *„Da wird sich ein Artikel drüber durchgelesen, dann wird es mal installiert und ausprobiert."*

Eine spezielle Fortbildung oder Heranführung gibt es nicht. Ratsam wäre es jedoch laut Bepra, dass neue Kolleginnen und Kollegen im Unternehmen zukünftig idealerweise eine „Lern-Session" durchlaufen sollten, in der gezeigt wird, *„was man damit alles machen kann"*.

7.11.3 Nutzung kritisch reflektieren

Bepra betont, dass sich ChatGPT direkt als neues Nutzungstool etabliert hätte und Google als Rechercheplattform – zumindest für ihn persönlich damit ersetzt hat. Allerdings müssten die Ergebnisse immer noch einmal kontrolliert werden – als Bestätigungs- und Erweiterungstool diene dann wiederum die Suchmaschine Google. Auch das Nacharbeiten und die kreative Hand des Menschen bleiben in der Bearbeitung von KI-generierten Inhalten unerlässlich.

> *„Ich habe sozusagen eine neue Kreativität gefunden. […] Es ist kein Tool, um 1:1 zu kopieren, sondern wirklich ein Recherche- und Informationstool, was neue Quellen aufmacht."*

Nichtsdestotrotz räumt Bepra ein, dass ChatGPT *„eigentlich nur ein Spiegel des Internets ist"* und die Ergebnisse dadurch ungefiltert und teilweise rassistisch seien. Dass ausgegebene Antworten nicht unbedingt wahr oder richtig sind, sei wichtig im Hinterkopf zu behalten. Durch das Stellen von (Nach-)Fragen und eine Rückkopplung mit anderen Quellen könne das Tool besser genutzt werden. Ein wesentlicher Lernprozess war für ihn, wie Fragen oder „Prompts" am besten formuliert werden müssen, *„um das richtige Ergebnis zu triggern"*. Da das Tool in der kostenlosen Version genutzt wird, kommt es manchmal zu Überlastungen der Website und diese ist nicht erreichbar. Weil Bepra sich schnell an die Nutzung gewöhnt hatte, war die Unerreichbarkeit der Anwendung für ihn eine Herausforderung. *„Nachdem ich das Tool ein paar Mal benutzt habe, war die Abhängigkeit davon dann da. […] Man wusste, man kann das einfach anwerfen und darüber sich Informationen holen, die man sonst in einer stundenlangen Recherche geholt hätte."*

7.11.4 Am Puls der Zeit

Das gesellschaftliche Ansehen und den aktuellen Ruf von ChatGPT empfindet Bepra als eher negativ, die KI-Anwendung wäre als „Cheat-Tool" bekannt. Aus diesem Grund weiß er nicht, ob es gut wäre, wenn die Kunden der PR-Agentur herausfänden, dass ihre Texte mithilfe von KI geschrieben werden. Doch obwohl das System einige Mängel aufwies, sei es nicht fair, es deswegen schon im Voraus zu verurteilen. Eine Aufklärung über die Möglichkeiten und Grenzen von KI wäre hilfreich, um negative Vorurteile zu beseitigen.

Perspektivisch, *„vielleicht nicht morgen und vielleicht nicht in zwei Jahren [...] aber auf Dauer“* sieht Bepra, dass die PR-Branche aufgrund von KI-Tools schrumpfen wird und Arbeitsplätze eingespart werden. Es sei wichtig, offen und transparent darüber zu reden und das bereits gesammelte Wissen über die Nutzung aufzubauen und innerhalb des Unternehmens weiterzugeben, um weiterhin wettbewerbsfähig zu bleiben. *„Das nicht zu nutzen – das würde einen Wettbewerbsnachteil bedeuten, weil wir ja schon wissen, dass Konkurrenten oder Mitbewerber das auch tun.“*

Da die bisherige Nutzungsdauer von ChatGPT im Unternehmen noch recht kurz ist, sei es zu früh, um ein abschließendes Resümee aus dem Prozess zu ziehen. Für Bepra steht aber außer Frage, dass Unternehmen mit der Zeit gehen und sich neue Tools aneignen müssen, um nicht von der Konkurrenz abgehängt zu werden. Bisher hat die Nutzung nur positive Effekte wie beispielsweise eine erhebliche Zeitersparnis bei Rechercheaufgaben und qualitativ bessere Textinhalte gezeigt. Um den Anschluss nicht zu verlieren, war es von zentraler Bedeutung, früh mit der Nutzung des Tools zu beginnen.

> *„Es hat uns nicht geschadet und es hat nur positive Effekte bis jetzt und wir sind am Puls der Zeit mit dabei.“*

7.12 Die Relevanz von Kunden-Feedbackmanagement: KI in der Informationsverarbeitung – Ein Bericht über die Erfahrungen des Geschäftsführers eines Unternehmens, das einen smarten E-Mail-Assistenten entwickelt hat

7.12.1 Kampf mit der Informationsflut

Das junge deutsche Start-Up ist eine Ausgründung aus einem Co-Innovationsprojekt dreier Unternehmen, die gemeinsam einen KI-basierten E-Mail-Assistenten entwickelt haben. Eines der drei Unternehmen, ein mittelständisches Bauunternehmen, stand vor der Herausforderung, die Informationsflut zu bewältigen, die täglich im Sekretariat des Unternehmens vorherrschte. Der Geschäftsführer des Start-Ups berichtet, dass die Baufirma dauerhaft eine Vielzahl an Baustellen parallel betreut, zu denen täglich Baupläne, Baustellentagebücher, Abnahmeprotokolle und Mangelmeldungen eintreffen. Im Rahmen dieses Berichts wird er Gesema genannt, kurz für Geschäftsführer eines Unternehmens, das einen smarten E-Mail-Assistenten entwickelt hat.

> *„Für jede dieser E-Mails muss sich überlegt werden: Wohin gehört das, zu welcher Baustelle gehört es, um welches Thema geht es und dann muss das an die entsprechenden Leute weitergeleitet werden, damit die sich darum kümmern. Im schlimmsten Fall bleibt sonst ein Bauplan irgendwo in einem E-Mail-Postfach hängen und die Wand steht drei Meter zu weit links.“*

Das Bauunternehmen schloss sich mit einem IT-Service Dienstleister und einem weiteren Unternehmen zusammen, das sich auf digitale, technologiegetriebene Innovationen sowie datengetriebene Produkte und Geschäftsmodelle spezialisiert hat. Zusammen entwickelten sie einen digitalen E-Mail-Assistenten. Dieser hat ein tiefgreifendes semantisches Verständnis für bauspezifische Branchen und kann Informationen aus eingehenden E-Mails erkennen, extrahieren, standardisieren, anreichern und an die richtigen Stellen im Unternehmen weiterleiten. Nutzende der KI-Anwendung müssen die Vorschläge der KI lediglich bestätigen oder korrigieren, was gleichzeitig ein Feedback für den Algorithmus darstellt, der kontinuierlich dazulernt. Die durchschnittliche Bearbeitungszeit einer E-Mail wird dabei von über zwei Minuten auf durchschnittlich 15 Sekunden per E-Mail gesenkt.

7.12.2 Machbarkeitsfragen

Zu Beginn wurde die technische Machbarkeit geprüft und mit der Modellentwicklung und dessen Training begonnen. Dabei spielen laut Gesema die Qualität und die Menge der vorhandenen Daten und das Auswählen des konkreten Use Cases eine wichtige Rolle. Darüber hinaus wurde die wirtschaftliche Machbarkeit ermittelt und geprüft, inwiefern die Lösung kommerzialisiert werden konnte. Mithilfe des Bauunternehmens und dessen Vernetztheit in der Branche konnte das Projekt passend ausgestaltet werden.

> *„Gerade am Anfang geht es halt um Tempo, es geht darum, möglichst schnell irgendetwas auf die Straße zu bekommen, um Feedback zu sammeln und zu lernen, wo sind eigentlich wirklich die Knackpunkte […]. Und das ist deutlich einfacher, wenn ich […] einfach viele Services […] einkaufen kann."*

Gesema befürwortet die Nutzung von bestimmten Services, die große Anbieter wie Microsoft anbieten, damit der interne Fokus auf zentrale Aspekte der KI-Implementierung gelegt werden kann. Er rät anderen Unternehmen, ihre Aktivitäten auf eine Cloud zu verlagern, anstatt lokale Infrastruktur zu nutzen. Außerdem sei es hilfreich, so früh wie möglich Einblicke und Perspektiven der potenziellen Nutzer- und Kundschaft zu erhalten, um branchenspezifische Probleme besser zu verstehen und zu adressieren.

7.12.3 Einbindung und Wertschätzung von User-Feedback

> *„Eine Sache, die zu oft vergessen wurde, auch damals schon ist, mit den Leuten zu reden, die es jeden Tag verwenden sollten."*

Gesema setzt aufgrund seiner bisherigen Erfahrungen als Berater für KI-Anwendungsfälle in großen Unternehmen im deutschsprachigen Raum einen Schwerpunkt auf die Einbindung der Nutzenden. Oft fehle es an der Kommunikation mit den End-Usern einer

KI-Anwendung. Geschäftsführer und Manager hätten in der Regel eine reine Prozessperspektive; deren Ziele stammen laut Gesema oft nur aus Excel-Tabellen. Diese Ziele könnten jedoch nur realisiert werden, wenn End-User die KI-Lösung verwenden wollen und dies auch gerne tun. *„Da hilft es nichts, wenn ich ihnen fünf Mal sage, dass sie es verwenden sollen, dann hilft nur, wenn sie es gerne verwenden."*

Um Nutzende als zentrale Steuerstelle miteinzubinden, wurden Befragungen in einem zweiwöchentlichen Turnus eingeführt. Diese sollten die Nutzungserfahrung und auftretenden Probleme abbilden sowie Ideen und Anregungen sammeln. Über einen Zeitraum von drei Monaten widmeten sich die Entwickler ausschließlich der Maximierung der Nutzungserfahrung und der Behebung von Mängeln, die von Nutzenden gemeldet wurden. Daraufhin konnte Gesema drei Faktoren identifizieren, die die Nutzungsakzeptanz gesteigert haben: Erstens sollte Nutzenden das Gefühl gegeben werden, dass ihr Feedback wertvoll ist und sowohl geschätzt als auch berücksichtigt wird. Ihre Einbindung in den Implementierungsprozess sorge für Zufriedenheit und Motivation. Zweitens sollte auf Nutzungsfreundlichkeit und Einfachheit der Bedienung geachtet werden. Der dritte Faktor stellt den direkten Vorteil für Nutzende dar, dank einer Automatisierung von unliebsamen Aufgaben befreit zu werden. Die Erwartungen an den E-Mail-Assistenten konnten mithilfe der Einbindung von Feedbackmechanismen nach und nach erfüllt werden, was dazu führte, dass weitere Potenziale identifiziert wurden, um die KI-Lösung auszuweiten.

> *„Weil wir es erreicht haben, haben wir Vertrauen gewonnen, mit neuem Vertrauen kamen neue Ideen, die man machen könnte und damit haben sich wieder die Erwartungen gesteigert."*

7.12.4 Transformationsprozesse im Unternehmenskontext

Eine zentrale Voraussetzung für die digitale Transformation in einem Unternehmen sei der Mut zum Risiko und das *„Herauskommen aus der Betriebsblindheit"*. KI sei kein Selbstzweck, sondern immer nur Teil einer Lösung. Oft würde sich im deutschsprachigen Raum auf die Optimierung von bestehenden Prozessen konzentriert werden, anstatt sich Gedanken darüber zu machen, wie Prozesse insgesamt neu und anders gestaltet werden können. Digitale Transformation sei Sache der Geschäftsführung und nicht nur eine Frage des Budgets, sondern auch der Kultur. Für die Potenzialidentifikation und Umsetzung könnten interne Abteilungen oder externe Beratungen engagiert werden. In jedem Fall sei es notwendig, Organisationsstrukturen und interne Kommunikationskanäle weiterzuentwickeln und autonome Teams zu schaffen, die sowohl das Businessprozesswissen als auch die technische Expertise haben.

> *„Weg von starren Hierarchien, mehr hin zu autonomen Teams, die auch wirklich Gestaltungsfreiheit haben, die auch die Möglichkeit haben, selbst technisch Dinge mitzugestalten und auch vor allem das Aufbrechen von den IT-Abteilungen als der Elfenbeinturm hin zu Teams,*

die aus Leuten bestehen, die wissen, was umgesetzt werden sollte und Leuten, die wissen, wie es umgesetzt wird.“

7.13 Fazit

Zusammenfassen kann festgehalten werden, dass die Erfahrungen bei der Einführung von KI-Systemen verschiedenste Herausforderungen mit sich bringen. Insbesondere auf die Mitarbeitenden und deren Haltung gegenüber von KI wird auch in diesen Berichten verstärkt hingewiesen. Die Bedenken beziehen sich dabei nicht nur auf die neue Technik und damit den möglichen Abbau von Hemmschwellen sowie das Lernen an sich, sondern auch um den Verlust des eigenen Arbeitsplatzes und einen möglichen Ersatz des Menschen. Aber auch für einen notwendigen fachlichen Einbezug bei der Gestaltung selbst wird in den Fallstudien plädiert.

Die geführten Interviews zeigen weitere wichtige Aspekt hinsichtlich der einzuplanenden Zeit und dem Faktor der festgelegten Zielerreichung auf. Hier zeigen die Erfahrungen aus der Praxis, dass eine mögliche Zielüberprüfung Ressourcen schützt, besonders im Falle einer Nichterreichung. Eine kritische Auseinandersetzung eines Einsatzes bzw. die Art des Einsatzes als iterativen Prozess zu verstehen als im Gegensatz zum reinen Erfahrungslernen stehen hier zur Diskussion.

Insgesamt zeigen die Berichte jedoch ein überwiegend positives Bild bei der Umsetzung sowie dem Einsatz von KI-Systemen: von KI als Ideenschmiede bis hin zu einer Möglichkeit zur Lösung von Problemen eines Mitarbeitermangels oder auch der Erhaltung der Wettbewerbsfähigkeit.

Mit dem Bewusstsein, den Mitarbeitenden als Menschen im Prozess frühzeitig einzubinden und für dessen Bedeutung bei der Nutzung von KI insbesondere auch auf dessen bleibenden Stellenwert bei der Überwachung und Überprüfung von KI-Ergebnissen zu sensibilisieren, überwiegen die Erkenntnisse, dass KI-Lösungen das Potenzial besitzen, die Arbeitswelt zu bereichern und Geschäftsmodellinnovationen voranzutreiben.

Kolibri 360 GmbH
Ferdinand-Jühlke-Straße 7
99095 Erfurt, Deutschland
produktsicherheit@kolibri360.de